Em Jesus, Deus abraça o sofrimento humano

Eugênio Pacelli Correia Aguiar

Em Jesus, Deus abraça o sofrimento humano

Uma leitura de *O Deus crucificado*, de Jürgen Moltmann

Dados Internacionais de Catalogação na Publicação (CIP)
(Câmara Brasileira do Livro, SP, Brasil)

Aguiar, Eugênio Pacelli Correia
   Em Jesus, Deus abraça o sofrimento humano : uma leitura de "O Deus Crucificado" de Jürgen Moltmann / Eugênio Pacelli Correia Aguiar. -- São Paulo : Editora Paulinas ; Recife, PE : UNICAP-FASA, 2019. -- (Coleção reflexão)

   Bibliografia.
   ISBN 978-85-356-4570-5

   1. Sofrimento - Aspectos religiosos - Cristianismo - Meditações 2. Fé (Cristianismo) 3. Teologia cristã I. Título. II. Série.

19-29950   CDD-248.2

Índices para catálogo sistemático:

1. Sofrimento : Aspectos religiosos : Cristianismo   248.2

Iolanda Rodrigues Biode - Bibliotecária - CRB-8/10014

1ª edição – 2019
1ª reimpressão – 2020

Direção-geral: *Flávia Reginatto*
Editores responsáveis: *Vera Ivanise Bombonatto e João Décio Passos*
Copidesque: *Ana Cecilia Mari*
Coordenação de revisão: *Marina Mendonça*
Revisão: *Sandra Sinzato*
Gerente de produção: *Felício Calegaro Neto*
Capa e diagramação: *Jéssica Diniz Souza*

Universidade Católica de Pernambuco – Unicap

Reitor: *Pedro Rubens Ferreira Oliveira, sj*

Nenhuma parte desta obra poderá ser reproduzida ou transmitida por qualquer forma e/ou quaisquer meios (eletrônico ou mecânico, incluindo fotocópia e gravação) ou arquivada em qualquer sistema ou banco de dados sem permissão escrita da Editora. Direitos reservados.

Paulinas
Rua Dona Inácia Uchoa, 62
04110-020 – São Paulo – SP (Brasil)
Tel.: (11) 2125-3500
http://www.paulinas.com.br – editora@paulinas.com.br
Telemarketing e SAC: 0800-7010081

© Pia Sociedade Filhas de São Paulo – São Paulo, 2019

Universidade Católica de Pernambuco – Unicap
Rua do Príncipe, 526
50050-900 — Boa Vista — Recife (PE)
Tel.: (81) 2119-4011
http://www.unicap.br

Dedico este trabalho a meus pais,
Maria Celina e Raimundo Aguiar,
pelo amor que me dedicam
e por me ensinarem a enfrentar
e a superar os desafios da vida com fé em Deus.

"O Deus cristão é um Deus que sofre de amor.
Não é um sofrimento imposto de fora
– pois Deus é imutável –,
mas um sofrimento de amor, ativo.
É um sofrimento aceito, um sofrimento de amor,
livre, ligado ao Deus sofredor de Auschwitz e do extermínio judeu."

Jürgen Moltmann

Prefácio

> O que fizestes a estes meus irmãos menores,
> a mim o fizestes;
> o que não fizestes a um desses
> mais pequeninos, não o fizestes a mim.
> (Mt 25,40.45)

O sofrimento é uma realidade na vida de muitas pessoas e de muitos povos no mundo inteiro. Uma realidade complexa e plural: pobreza e miséria, preconceito e discriminação (gênero, raça, cultura, religião, orientação sexual etc.), diferentes formas de violência, abandono e solidão, perda de sentido e depressão etc. Uma realidade que se materializa e se expressa na dor, no gemido, no lamento, na súplica, na tristeza, na angústia, no protesto, na luta, na insurreição, no desespero e até no suicídio. Uma realidade essa, em grande medida, provocada pela desigualdade social e pelos diversos tipos de preconceito e discriminação e/ou aprofundada pelo abandono e pela indiferença dos familiares e da sociedade. Uma realidade que tem na morte ou no assassinato seu último grito de dor e de protesto. Esse é o "pão" de cada dia de grande parte da humanidade. Esse é o "vale" de lágrimas ou de lama (das mineradoras de Mariana e Brumadinho) que afoga ou soterra milhares de vidas pelo mundo a fora.

E a realidade do sofrimento marca decisivamente a experiência religiosa da humanidade. É do sofrimento que ecoa o grito – tantas vezes silencioso ou silenciado – de dor, de lamento, de súplica, de protesto e de desespero a Deus ou contra Deus. É no sofrimento que se dão as experiências mais profundas de encontro, proximidade e comunhão com Deus. É o sofrimento que põe em crise e/ou purifica as imagens de Deus que servem para justificar situações de sofrimento no mundo, inclusive de sofrimento provocado e imposto socialmente, e que revela o rosto compassivo e misericordioso de Deus. Por essa razão, o sofrimento humano é o lugar teologal (experiência de Deus) e o lugar teológico (imagens, discursos e teorias sobre Deus) por excelência.

Não por acaso, as religiões e tradições espirituais da humanidade são particularmente sensíveis às situações de sofrimento e injustiça e têm como uma de suas tarefas mais importantes e mais centrais o cuidado e a defesa dos doentes, dos pobres, dos marginalizados e dos fracos. Mesmo que nem sempre ajam de modo consequente com isso e muitas vezes até contribuam, por omissão ou cumplicidade, para a criação e manutenção de situações de pobreza, injustiça, opressão e exclusão. E, não por acaso, o sofrimento humano tem um lugar central na produção, na crise e nas controvérsias em torno das imagens, dos discursos e das teorias religiosas.

Isso que é válido para o conjunto das tradições religiosas da humanidade e que diz respeito ao seu potencial/dinamismo salvífico-humanizador, vale, de modo particular, para as tradições judaico-cristã. Deus se revela na história de Israel como "Deus dos humildes, socorro dos pequenos, protetor dos fracos, defensor dos desanimados, salvador dos desesperados" (Jt 9,11), e se conforma de tal modo com eles que "quem explora o necessitado ofende seu criador, quem se compadece do pobre presta honra a ele" (Pr 14,31). E Jesus de Nazaré leva isso às últimas consequências em seu anúncio e realização do reinado de Deus, a ponto de se identificar com os pobres e sofredores e tomar como critério escatológico para herdar a vida eterna ou participar do banquete definitivo o fazer ou não fazer a eles (cf. Lc 10,25-37; Mt 25,31-46). A fidelidade a Deus passa, aqui, pela observância e defesa do direito dos pobres e marginalizados (cf. Dt 10,19; Jr 22,3.16; Jó 31,13-15). Nas palavras de Tiago: "Religião pura e irrepreensível aos olhos de Deus Pai consiste em cuidar de órfãos e viúvas em suas necessidades e em não se deixar contaminar pelo mundo" (Tg 1,27).

Apesar disso, as tradições religiosas, também o Judaísmo e o Cristianismo, têm produzido, alimentado e justificado – religiosamente! – diferentes formas de opressão, marginalização e preconceitos. Quantas vezes se apelou e se apela a Deus para justificar a pobreza de uns e a riqueza de outros, a doença, o patriarcalismo, conflitos e guerras e as mais diferentes formas de dominação? Em nome de Deus, já se aliviou muito sofrimento e se gerou muita vida no mundo. Em nome de Deus, muita gente chegou a dar a própria vida para que outros pudessem viver. Mas, em nome de Deus, já se fez muita maldade, já se produziu muito sofrimento e até se matou (nas fogueiras, nas torturas, nas guerras, nos atentados terroristas etc.) muita gente... E todas essas práticas foram narradas, teorizadas e/ou justificadas teoricamente.

Por essa razão, o tema Deus e o sofrimento humano é muito complexo. Basta lembrar o caso de Jó e de seus "amigos".

Enquanto Jó clama por Deus em súplica e protesto no meio de seu sofrimento, seus "amigos" – "consoladores inoportunos" (Jó 16,2) – estão mais preocupados em justificar sua doutrina religiosa, que, de modo perverso, trata o sofrimento como castigo, retribuição ou pedagogia de Deus.

Essa tensão ou esse conflito entre uma imagem de Deus compassivo e misericordioso que vem sempre ao encontro das vítimas e assume suas dores e suas causas e uma imagem de Deus vingativo e mesmo cruel, que age segundo a lógica da retribuição (recompensa os "bons" e castiga os "maus"), perpassa toda a história de Israel e atinge seu ponto máximo na cruz de Jesus. Afinal, se o sofrimento é consequência do pecado e um castigo merecido, Jesus morreu como um abandonado por Deus, como um pecador, como um maldito (cf. Dt 21,23). E não há esperança para as vítimas. Mas se, como diz Paulo, "Deus estava, por meio de Cristo, reconciliando o mundo consigo" (2Cor 5,19), a cruz já não é sinal de abandono de Deus ou castigo merecido. Pelo contrário. É lugar de proximidade e comunhão com Deus. E é isso o que revela a práxis de Jesus em sua ação em favor dos pobres, dos doentes, dos impuros, dos estrangeiros, das viúvas... Seu Evangelho é fundamentalmente uma Boa Notícia para eles: Deus os ama e vem salvá-los de seus sofrimentos.

Nesse contexto se insere a contribuição do teólogo alemão Jürgen Moltmann, em sua obra *O Deus crucificado: a cruz de Cristo como base e crítica da teologia cristã*, estudada e apresentada por Eugênio em sua dissertação de mestrado na Universidade Católica de Pernambuco. Trata-se de um "clássico" da teologia do século XX. Uma obra visceralmente vinculada à sua experiência da Segunda Guerra Mundial e à sua prisão num campo de concentração – "uma teologia da cruz das catástrofes do século XX" que ele mesmo presenciou e sofreu. Um livro escrito com o próprio "sangue". Em palavras do autor: "O Deus crucificado foi um intento de falar a Deus, de confiar em Deus e de falar sobre ele sob a sombra de Auschwitz e ante a imagem das vítimas de meu povo". É, em sua essência, "um livro acerca da fé em Deus depois da cruz de Cristo. O que podemos dizer de Deus 'depois de Auschwitz' depende do que podemos dizer de Deus depois da crucificação de Cristo, escutando o grito de desamparo do Jesus moribundo: 'Meu Deus, por que me abandonaste?'". E é, por fim, um livro que o "mantém estreitamente ligado ao povo latino-americano".

Em sua obra, Moltmann vai insistir tanto no escândalo quanto na novidade da cruz de Jesus para a fé e para a teologia. Por um lado, afirma que: "ou o Jesus abandonado é o fim de toda teologia ou é o princípio de uma específica teologia e existência cristã e, portanto, crítica e libertadora"; que "diante do grito de Jesus por Deus, a teologia torna-se impossível ou ela só é possível como uma teologia cristã específica"; que a "morte de Jesus" provoca uma "revolução no conceito de Deus". Por outro lado, insiste que "a morte de Jesus na cruz é o centro de toda teologia cristã"; que, embora esse não seja o "único tema" da teologia, é a "porta" para todos os problemas e respostas; que "todas as declarações cristãs a respeito de Deus, criação, pecado e morte apontam para o crucificado" e "todas as declarações cristãs a respeito da história, Igreja, fé, santificação, futuro e esperança procedem do crucificado".

Tudo isso vai provocar, como já indicamos, uma verdadeira "revolução no conceito de Deus". A questão central e decisiva é se

"Deus é o diretor de cena transcendente e impassível do teatro deste mundo violento ou é, em Cristo, a figura central e comprometida da tragédia do mundo". Aventurando-se nos caminhos abertos pelo teólogo judeu Abraham Heschel, Moltmann vai insistir na crítica ao conceito filosófico grego do "Deus incapaz de sofrer" (teologia apática) e na especificidade bíblica do "Deus que sofre" (teologia prática), bem como em suas consequências antropológicas: "na esfera do Deus apático, o homem se torna um homo *apatheticus*; na situação do *pathos* de Deus, ele se torna um homo *sympatheticus*". E tudo isso a partir da cruz de Jesus Cristo, pois, "quanto mais fortemente o axioma da *apathia* de Deus é observado, tanto mais fraca será a capacidade de identificar Deus com a paixão de Cristo". Noutras palavras: "Se Deus é incapaz de sofrer, a paixão de Cristo só pode ser vista como uma tragédia humana e não há um poder redentor em sua paixão". Por isso, diz Moltmann, "seria mais coerente deixar de fazer do axioma da apatia de Deus nosso ponto de partida na teologia e, em seu lugar, partir do axioma bíblico da paixão de Deus para entender o sofrimento de Cristo como paixão do Deus apaixonado".

Esse é um tema muito complexo e controvertido, como se pode ver na obra de Moltmann e nas críticas feitas à sua reflexão que são indicadas por Eugênio no terceiro capítulo deste livro. Certamente, pode-se discutir as afirmações de Moltmann (algumas realmente problemáticas) e ponderar ou matizar suas formulações (algumas imprecisões conceituais). Mas, como diz González Faus, "a linguagem da dor de Deus, por inexata que seja, será sempre menos falsa que a afirmação contrária". E, em todo caso, como insiste Sobrino, por mais escandalosa que seja a presença de Deus na cruz de Jesus, expressa a proximidade e afinidade de Deus com as vítimas, torna o poder de Deus digno de credibilidade e é motivo de alegria e esperança para a humanidade sofredora: "na cruz Deus passou na prova do amor". Afinal, como dizia Bonhoeffer num campo de concentração, "só o Deus sofredor pode ajudar". Ou, como afirma Moltmann, "se Deus fosse incapaz de sofrer, ele também seria incapaz de amar", pois "quem é capaz de amar também é capaz de sofrer". E é capaz de sofrer não por "carência em seu ser", mas "a partir da plenitude do seu ser, isto é, do seu amor".

É esse mundo de dor e esperança – Deus e o sofrimento humano – que se apresenta e se impõe a nós nesta obra de Eugênio que tenho a alegria de prefaciar. E não se trata de nenhum tipo de especulação abstrata e estéril, como tantas vezes que se deram na chamada "teodiceia", em seu intento de justificar a Deus diante do sofrimento humano. No fim das contas, essas teorias e seus teóricos não passam de "médicos charlatões" (Jó 13,4) ou "consoladores inoportunos" (Jó 16,2), mais preocupados em defender e justificar sua teologia do que em dar testemunho do amor de Deus à humanidade sofredora. Por mais que Moltmann não esteja completamente livre da tentação e dos perigos da "teodiceia", como bem indica Eugênio na introdução deste livro, partindo da cruz de Cristo, ele nos ajuda a "passar do 'Deus apático', incapaz de sofrer, para o 'Deus simpático', que é capaz de sofrer a partir da plenitude do seu ser, isto é, do seu amor [...] Em Cristo, o Deus da esperança revelou-se como o Deus crucificado para, com isso, identificar-se com todos os crucificados do mundo".

E, aqui, "a justificação de Deus é equivalente à afirmação de sua solidariedade com os pobres da terra e, portanto, ao mesmo tempo e, sobretudo, justificação do pobre". Isso desencadeia e se traduz numa dinâmica de vida marcada pela proximidade com os caídos à beira do caminho e pelo serviço à humanidade sofredora que pode chegar ao extremo do martírio, como é o caso de São Romero de América e de tantos mártires da caminhada. A resposta cristã ao sofrimento humano é a solidariedade ou o compromisso com a humanidade sofredora. Aquilo que a partir da América Latina se convencionou chamar "opção pelos pobres" e que tem sido formulado pelo Papa Francisco em termos de "Igreja pobre e para os pobres" ou "Igreja em saída para as periferias do mundo".

Que a leitura deste livro de Eugênio sobre a reflexão de Moltmann ajude a purificar nossa imagem de Deus – tantas vezes indiferente ao sofrimento humano e até mesmo cruel – e, sobretudo, ajude a nos inserirmos cada vez mais no mistério do Deus amor que na cruz de Jesus se identifica para sempre com a humanidade sofredora e a constitui como juiz e senhor de nossas vidas e de nossas teologias: "O que fizestes a estes meus irmãos menores, a mim o fizestes [...] o que não fizestes a um desses mais pequeninos, não o fizestes a mim" (Mt 25,40.45).

Francisco de Aquino Júnior
Limoeiro do Norte – CE,
24 de março de 2019
Festa do Martírio de São Romero de América

Introdução

O sofrimento é uma realidade existencial e inerente à vida humana. Apesar de ser elemento constitutivo da experiência, denota-se como um absurdo, um enigma que provoca mal-estar: "Impressiona pensar que, depois de tantos séculos de história e de ciências, o homem conseguiu diminuir em poucos centímetros a montanha da dor" (DESCALZO, 2013, p. 9).

O sofrimento, em si mesmo, não deixa de ser um insondável enigma humano, por mais que o estudemos e procuremos dimensioná-lo:

> A dor é um mistério que temos que nos aproximar a ele como se aproxima da sarça ardente: com os pés descalços, com respeito e pudor. Nada mais grave que aproximar-se da dor com sentimentalismo e com frivolidades. Não vamos resolver um problema, fazendo um jogo literário, elaborando bonitas teorias que se crer aclarar o que é, que por sua própria natureza é inexplicável. Temos que nos aproximar do sofrimento como nos acercamos ao mistério da vida e morte de Cristo, sabendo que, depois de muitas palavras, o mistério seguirá estando ali até que o mundo acabe (ibid., p. 14).

Na dor, o homem se pergunta pelo seu Criador. Perante o sofrimento, julga seu Deus. Esse conflito, desde épocas mais remotas até hoje, é objeto de investigação e debate por parte da teologia cristã nas diversas ocasiões em que lida com o problema do mal e do sofrimento. Sobressai-se, nessa antiga inquietação, uma busca de resposta à dor injusta ou, ao menos, injustificada, e um questionamento do próprio sofrimento. É, geralmente, nas experiências do sofrimento que emerge a pergunta sobre Deus. Eis a teodiceia. O sofrimento inocente e o mundo imenso das lágrimas são a estrada mais árdua e mais séria para compreender a verdadeira realidade da fé. A existência do sofrimento fragiliza a fé e induz o homem a questionar a imagem de Deus.

Hoje, uma das causas do ateísmo e do indiferentismo religioso decorre do escândalo do silêncio de Deus perante o mal e o sofrimento. Sobre isso, o Vaticano II alertava: "o ateísmo se origina não raramente ou de um protesto violento contra o mal no mundo, ou do caráter do próprio absoluto que se atribui indevidamente a alguns bens humanos, de tal modo que sejam tomados por Deus" (GS 19). Dessa perscruta por uma resposta de Deus acerca do mal e do sofrimento, derivam indagações sobre o sentido de seguir confessando um Deus onipotente e todo-poderoso em um mundo onde a dor, a injustiça e o mal predominam. A existência do mal e do sofrimento questiona nossa imagem de Deus. Assim, o sofrimento, próprio ou alheio, vem acompanhado inevitavelmente de uma pergunta, um "porquê". Sua incompreensibilidade pede razão, definição, sentido: "Somente o homem, quando sofre, sabe que sofre e se pergunta por quê; e sofre de maneira humanamente ainda mais profunda, se não encontra uma resposta satisfatória" (JOÃO PAULO II, 1984, p. 9). Quando não encontra uma resposta satisfatória para o "porquê", a dor se converte em escândalo: "mais insuportável que a experiência destrutiva da dor é a falta de resposta, a carência de explicação" (BUSTO, 1991, p. 65). Aqui se radica a origem de muitos conflitos na relação do homem com Deus, coadunando-se ao que apregoa Camus, ao acentuar que não há lugar para Deus no mundo invadido pelo sofrimento do inocente (cf. CAMUS, 1960, p. 20). Nesse sentido, o sofrimento humano, qualquer que seja sua causa, sobretudo em situações injustas, nas quais sofre o inocente, abala nossa fé, nosso discurso teológico e, principalmente, a imagem do Deus onipotente.

Todo teólogo, mais cedo ou mais tarde, encara o problema de reconciliar a existência de um Deus bom e onipotente com o sofrimento inocente. Há algumas teologias que, na tentativa de justificar tais perguntas, causam certo mal-estar e rebeldia nas imagens de Deus que apresentam, mostrando uma concepção da onipotência de Deus que resulta em apatia e insensibilidade diante do sofrimento. Tais respostas ensejam revolta contra um Deus que é proclamado todo-poderoso e misericordioso. Além de alimentarem a passividade dos que sofrem e dos que deveriam trabalhar para erradicar tal sofrimento, originam uma fé pouco saudável.

A teologia tem que dar respostas às questões que tocam a existência das pessoas. Sendo uma linguagem sobre Deus, sua função primordial é buscar novos paradigmas que possam falar de Deus e do sofrimento humano. Há, nos últimos séculos, uma mudança de paradigma: a teologia procura libertar-se dos desertos da metafísica para retornar à vivacidade da mensagem bíblica, por outro lado, mais próxima da sensibilidade da cultura contemporânea. Assim, vai-se distanciando da teologia escolástica dos séculos passados, radicalmente marcada pela visão grega da divindade, que era incapaz de atribuir a Deus qualquer tipo de sofrimento. Falar do sofrimento de Deus como se fosse algo óbvio converteu-se, na reflexão teológica do século XX, em algo comum, em que a ideia do sofrimento divino não está somente no centro de nossa fé, mas indica a singularidade do Cristianismo. Os Evangelhos sinóticos são unânimes em afirmar a angústia e o temor de Jesus perante a morte iminente (cf. Mt 26,38s; Mc 14,33-35; Lc 22,14). Marcos 15,34-37 afirma que Jesus morreu gritando com voz potente, lamentando o abandono por parte de Deus: "lançando um grito forte, Jesus expirou". Jesus viveu a experiência do "abandono" por Deus como tormento mais íntimo de sua paixão e morte. Logo, no grito de Jesus, entra em questão sua existência pessoal e também sua existência teológica, com a totalidade de sua pregação. A dor experimentada por Jesus é um caminho de reflexão que nos abre perspectivas de proximidade do mistério do Deus que ele anunciou para conhecê-lo melhor e a ter uma concepção mais nítida dele do sofrimento. A cruz de Jesus desvela Deus e nos mostra Deus *sub contrario*, isto é, sob o seu oposto; Deus encarnado, mergulhado no sofrimento humano, que arma uma tenda no meio de nós, que vê o sofrimento, ouve os clamores e desce até o fundo do poço por nós.

Como articular a afirmação de um Deus bom e poderoso com a realidade do sofrimento? Como exaltar os atributos de um Deus bondoso numa época de tanta violência, sofrimento e injustiça? Tais inquietações aliam-se às nossas preocupações pastoral-existenciais, nascidas do contato com situações nas quais pessoas de fé defrontam o limite do sofrimento humano e impulsionam as motivações que norteiam nossa pesquisa: refletir teologicamente, de maneira sistemática, sobre o tema "Deus e o sofrimento humano".

Haja vista a relevância desse aspecto e ao considerarmos o fato de que muitas respostas dadas, na catequese e na evangelização, já não satisfazem, e, não raras vezes, conduzem ao descompromisso em relação aos males evitáveis provocados pelo mundo, à apatia ou à revolta rancorosa contra o próprio Deus, assumimos o desafio de contribuir com a busca de respostas para as razões da dor e do sofrimento, confrontando-os com um Deus bondoso e onipotente.

O mal e o sofrimento põem em xeque a imagem de um Deus bondoso, onipotente e misericordioso, transmitida na tradição judaico-cristã. Em decorrência de tal realidade, perguntas e questionamentos são suscitados: Por que existe a dor, se Deus nos ama? Qual o motivo de seu silêncio e impotência diante da dor? O esvaziamento de Cristo na cruz (*kenosis*) não pode ser o máximo da realização de seu amor pela humanidade?

Movido por tais questionamentos, que recorrentemente surgem em nossas experiências pastorais, cunhamos o tema desta obra: *Em Jesus, Deus abraça o sofrimento humano: uma leitura de O Deus crucificado, de Jürgen Moltmann*. Este ensaio procura, na teologia de Jüngen Moltmann, elementos para aprofundar a temática Deus e o sofrimento. Nesse intento, apoiar-nos-emos de maneira especial, mas não unicamente, na obra mestra de Moltmann – *O Deus crucificado* –, publicada na Sexta-feira Santa de 1972, alcançando uma grande repercussão que ainda hoje suscita um apaixonado debate teológico, transformando-se em "um clássico da teologia do século XX" (CORDOVILLA, 2010, p. 3). Moltmann, com a obra *O Deus crucificado*, tornou-se um dos maiores divulgadores de tal "lugar-comum" para falar de Deus e do sofrimento. O autor expõe a doutrina de Deus desde a perspectiva da cruz, na qual a verdadeira teologia é aquela que se faz à sombra do Crucificado. O grito de agonia de Jesus na cruz é a "ferida aberta" de qualquer teologia cristã. A cruz de Jesus é centro e fundamento de tudo o que a teologia pode pensar e dizer sobre Deus. A morte de Jesus pertence à autoproclamação de Deus (cf. MOLTMANN, 2014, p. 248). Desse modo, o autor propõe pensar o ser de Deus a partir da cruz de Cristo, onde ele se mostra impotente e débil no mundo, e essa "impotência e debilidade nos ajudam e nos salvam" (BONHOEFFER, 2003, p. 207).

Moltmann nos desperta a passar do conceito filosófico grego do "Deus incapaz de sofrer" (teologia apática) para o do "Deus que sofre" (teologia prática); passar do "Deus apático", incapaz de sofrer, para o "Deus simpático", capaz de sofrer desde a plenitude do seu ser, isto é, do seu amor, um amor que se encarnou no Cristo, atingindo o ápice na morte de cruz. Em Cristo, o Deus da esperança revelou-se como o Deus crucificado, para, com isso, se identificar com todos os crucificados deste mundo.

Com amparo nessas considerações, estabelecemos como objetivos do nosso trabalho refletir sobre Deus e o sofrimento em Moltmann, buscando, assim, na perspectiva da fé cristã, uma renovação da imagem de Deus perante o sofrimento inocente.

Nossa pesquisa será apresentada em três capítulos.

Inicialmente, procuramos fazer uma contextualização do autor, mostrando como a reflexão teológica de Moltmann é biográfica, com intensivas marcas autobiográficas. Emerge de sua experiência pessoal como prisioneiro de guerra, de práticas de sobrevivência, que o levaram a buscar Deus no meio dos escombros. É uma teobiografia. Por isso, no primeiro capítulo, abordamos o seu itinerário teológico, a sua vida, as suas obras e os seus depoimentos marcantes, relacionando teologia e biografia, para mostrar como sua experiência de vida, sofrimento e dor determinou seu método teológico. Em seguida, discorremos sobre a significativa influência da teologia de Lutero em Moltmann, que o estimulou a pensar o problema da teologia da cruz. Nesse âmbito, destacamos sua "concepção da cruz" e sua crítica aos "teólogos da glória", temas que estão na base da teologia da cruz, de Moltmann. Por último, enfocamos o fascínio dessa teologia da cruz, no qual a cruz é expressa como relevância e identidade para a fé cristã no contexto de crise de fé na Igreja.

No segundo capítulo, analisamos a obra *O Deus crucificado*. É nessa parte do estudo que concentramos maior empenho ao aprofundamento do tema desse livro. Com esse fim, indicamos uma contextualização da obra, uma visão global do conteúdo, sua gestação e repercussão na reflexão teológica posterior. Na sequência, mostramos a reflexão de Moltmann sobre o ser de Deus com base na paixão de Cristo, na qual Deus está pessoalmente envolvido. Enfatizamos, então, os temas fundantes da obra: o sofrimento e a dor em Jesus Cristo, o sofrimento e a dor em Deus e a dor na Trindade.

No terceiro segmento, apontamos as contribuições para a temática Deus e o sofrimento contidas na obra. Em seguida, investigamos as críticas à reflexão de Moltmann, com esteio em três temáticas: sofrimento de Deus (Rahner), entrega do Filho pelo Pai (Sölle) e caráter histórico-político da morte de Jesus (Faus e Boff).

Temos ciência das limitações e da imensa responsabilidade empreendida no ato de trazer para a discussão teológica da atualidade um tema como *O Deus crucificado*, sobretudo por aquilo que o próprio nome já nos propõe. Nesse sentido, nossa pesquisa não esgota o tema aprofundado, mas quer incitar no leitor a convicção de que é possível falar de um Deus que se faz proximidade, se solidariza e assume no Filho o sofrimento dos homens até as últimas consequências; convicção de que, na cruz do Filho, Deus se representa, revela-se, identifica-se e define-se (cf. MOLTMANN, 2014, p. 269). Sob essa perspectiva, o discurso da cruz torna-se a grande resposta cristã ao eterno problema do sofrimento, no que ele tem de incompreensível, principalmente o sofrimento do inocente.

Finalizamos o escrito com algumas considerações, nas quais recapitulamos, sistematicamente, os resultados da investigação, com ênfase no que entendemos ser mais relevante na obra de Moltmann, para fundamentação e enriquecimento do assunto que nos orientou no trajeto percorrido.

Capítulo 1

Aproximação à "teologia crucis", de Moltmann

Neste capítulo, apresentamos Jürgen Moltmann ao leitor e contextualizamos seu pensamento convergente à sua experiência de vida. A trajetória teológica de Moltmann começa tendo como núcleo a experiência pessoal com a dor e o sofrimento em um campo de prisioneiros na Segunda Guerra.

Inicialmente, no "itinerário teológico" serão enfatizados fatos cruciais que marcaram sua trajetória teológica, por meio dos quais suas experiências de fé e solidariedade poderão ser mais bem entendidas. Serão destacadas suas obras e os depoimentos significativos que desvendam a alma e a produção do autor. Na segunda etapa, será feita uma aproximação à teologia da cruz de Lutero, na qual encontramos o princípio epistemológico dessa teologia e a chave para entender aspectos significativos da teologia de Moltmann. Sem pretensão de aprofundá-la, centralizamos a reflexão na "concepção da cruz" e na crítica aos "teólogos da glória", temas que, posteriormente, serão base para o desenvolvimento da teologia da cruz de Moltmann.

Na terceira fase, examinaremos a proximidade de Moltmann à teologia da cruz, destacando-se o fascínio do autor pelo tema e a importância desta para responder às perguntas existenciais em momentos significativos. A cruz mostra a identidade e a relevância da fé cristã mediante a crise de fé expressa pela Igreja na sociedade contemporânea.

1. Vida e trajetória teológica

A reflexão teológica de Moltmann vem, primeiramente, de uma experiência pessoal que transcendeu toda a sua vida, seja familiar, eclesial, acadêmica. Portanto, destacamos a relação entre teologia e biografia, em que o biográfico é mostrado de modo teológico e o teológico de maneira biográfica.

Não temos a pretensão de detalhar toda a sua biografia, nem mesmo o seu percurso teológico. Tomaremos, porém, alguns fatos marcantes de sua existência, nos quais a pergunta por Deus e o sofrimento surge e nos ajuda a aprofundá-los. Nesse sentido, nos traços biográficos, destacam-se dois momentos importantes: a operação "Sodoma e Gomorra" e os três anos como prisioneiro de guerra na Escócia e Inglaterra, ocasiões significativas no encontro de Moltmann consigo e com o mundo que o cercava naquele instante, como também o encontro do então jovem Moltmann com Deus, alguém que ainda era desconhecido para ele. Veremos como esses fatos foram determinantes para fazer brotar nele o sentido da fé e sua posterior reflexão teológica.

1.1 Teologia e biografia

No entendimento de Moltmann, "a teologia ocorre quando pessoas chegam ao conhecimento de Deus e percebem a presença dele com todos os seus sentidos na práxis da vida, da felicidade e dos sofrimentos" (MOLTMANN, 2004, p. 11).

Moltmann, em suas publicações e em palestras, sempre revisita as experiências da guerra e retoma o contexto de onde partiu sua busca por Deus e seu encontro com a esperança. Revisitar essas experiências traz para o fazer teológico a sua implicação biográfica, como se fora a credencial para um discurso teológico que seja performativo e, por isso mesmo, crível, capaz de uma palavra relevante para uma sociedade carente de referências coerentes.

Assim, ao lançar novamente a visão sobre esse aspecto histórico particular em seu percurso teológico, Moltmann resume:

> Eu não sou apenas um teólogo que se ocupa cientificamente das esperanças e das angústias das pessoas, sou também um sobrevivente de "Sodoma e Gomorra". Essa observação não deve ser entendida em termos de poesia religiosa, mas como dolorosa realidade. Sempre que desço para os porões das lembranças daquela catástrofe, volto a ser tomado pelo temor e pelo tremor (id., 2007, p. 49).

A teologia de Moltmann é biográfica, contextual; uma teologia que tem preocupação com a vida integral e, principalmente, em fazer teologia não apenas com a razão, mas também com o coração, a alma. Ele reconhece a teologia como um caminho aberto e convidativo que fascina a curiosidade intelectual. Esse caminhar é determinado pelos seus métodos, que partem inicialmente do "nível biográfico-pessoal, contextual-político e pelo *kairós* histórico em que vive" (id., 2004, p. 10). Nas suas palavras: "Primeiro vem a experiência, depois a teologia; primeiro a paixão, em seguida a ação" (ibid., p. 32).

A teologia biográfica é essencial a todo discurso sobre Deus. É um passo além da perspectiva meramente científica de neutralidade perante Deus e o ser humano em sua relação com ele. Na teologia biográfica, encontramos a própria alma do teólogo envolvida:

> Um teólogo verdadeiro deve ter elaborado a sua luta com Deus, a sua experiência de Deus, seus medos de Deus e sua alegria em Deus. Ele deve ter se exposto pessoalmente à causa que representa, e não reprimir as suas experiências negativas diante de Deus nem calar o seu gosto positivo em Deus (Sl 37,4). É bom quando se consegue reconhecer, numa teologia, o teólogo, a teóloga, e, nos agentes poiêmicos, a própria alma envolvida (ibid., p. 10).

Característica fundamental de uma teologia biográfica é a sua convicção de que o teólogo é chamado a fazer a *sua* teologia, seja com esteio em experiências próprias, seja das práticas de vida na comunidade, na sociedade e nas identidades culturais às quais pertence. A teologia se converte em discurso vazio e sem eco na sociedade, quando se afasta dessa dinâmica reveladora de Deus em seu envolver-se com o mundo, pois "nessa época de crise de Deus a teologia não pode dar-se ao luxo de apresentar seu discurso de Deus como uma doutrina atrofiada por excesso de objetividade" (METZ, 2007, p. 99).

O enfoque biográfico da pergunta por Deus em Moltmann indica que o fazer teologia significa engajar-se decididamente de corpo e alma, tornar performativo o seu discurso sobre Deus, testemunhal e, por isso mesmo, pertinente, capaz de tocar o coração da sociedade, de ser sacramental. A tarefa da teologia se dá na atualização do entendimento de Deus, desde sua própria experiência, que se revela em diálogo com a sociedade, em que o teólogo empenha toda a sua existência na busca do conhecimento de Deus e está integralmente dedicado à causa. Assim, expõe pessoalmente a causa que representa, sem calar sua experiência de Deus, seus medos de Deus e sua alegria em Deus. Deus se torna "a paixão, o tormento e o prazer do teólogo" (cf. MOLTMANN, 2004, p. 31).

Portanto, a importância de conhecer biograficamente o autor se justifica porque seu pensamento nasce de sua experiência existencial sob o desencanto da dor e do sofrimento. Suas experiências de vida e fé tornam-se material pré-teológico, em que não se separam as reflexões teológicas das experiências de vida por denotarem uma inter-relação real:

> Partir da experiência, embora nos deixe a impressão de ser algo subjetivo, arbitrário e casual, não é, no entanto, nada disso. Com a "experiência do Espírito" estou pensando numa percepção de Deus na, com a, e sob a experiência da vida, que nos dá a certeza da comunhão, da amizade e do amor de Deus (id., 2010, p. 29).

Nesse sentido, Moltmann transforma sua experiência pessoal em "existência teológica", uma vez que, fundamentada nas experiências de vida e morte, busca as respostas na fé, assumindo responsabilidade pela própria existência.

Vamos, com início na compreensão dos traços biográficos, destacar o "locus teológico" ou "lugar espaçoso" na vida de Jürgen Moltmann, que ajuda a compreender sua reflexão. Suas experiências de vida e fé oferecem o material inspirador de suas reflexões e conclusões teológicas. Impõe-se-nos, pois, a pergunta: Como foi a vida de Jürgen Moltmann e quais experiências significativas se registraram no seu despertar teológico?

Por não ser possível abarcar em tão curto espaço de tempo a riqueza e a abrangência do pensamento e do contributo do autor, evidenciamos alguns acenos teobiográficos de Moltmann que nos favorecem uma aproximação ao seu pensamento teológico: o amor apaixonado de Deus pela vida dos seres humanos e pela vida no mundo; paixão que se manifestou no Cristo, atingindo seu ápice na morte de cruz, quando o Deus da esperança se revelou como o Deus crucificado.

1.2 Traços biográficos

Jürgen Moltmann nasce na cidade de Hamburgo, na Alemanha, em 18 de abril de 1926. Cresce em um lar protestante liberal, com pais professores e educadores, onde se cultivavam conhecimentos sobre Leasing, Goethe e Nietzsche, mais do que sobre a Bíblia. Moltmann, pelo menos, diz não conhecê-la nem saber nada sobre o Cristianismo e a Igreja. Nas suas palavras: "teologia e religião estiveram sempre distantes de mim " (id., 2008, p. 50). Por outro lado, era um apaixonado pelo estudo da física e da matemática, sob a influência dos heróis de sua juventude: Albert Einstein e Max Planck.

Eu procedia de uma secularizada família hamburguesa de professores. Meu avô era grão-mestre de uma loja maçônica de Hamburgo e havia se desligado da Igreja. Religião e teologia estavam distantes de mim. Eu pretendia estudar matemática e física. Max Planck e Albert Einstein eram os secretos heróis da minha juventude (id., 2007, p. 50).

Ao completar 16 anos, o jovem Jürgen Moltmann é convocado, com os colegas de classe, para servir o Exército numa bateria antiaérea no centro de Hamburg: "Eu pertenço à última geração da guerra da Alemanha: em 1943, aos 16 anos, sobrevivi a um bombardeio aéreo que deixou minha cidade natal, Hamburgo, sob escombros e cinzas; aos 17 anos, recebi uma arma e fui enviado à frente de guerra" (id., 2014, p. 14).

Ao descrever a juventude do seu tempo, acentua que a ditadura de Hitler na Alemanha, desde 1933, apoderou-se de todas as organizações juvenis, instituindo com os adolescentes de 10 a 14 anos as suas "Jungvolk e "Jungmädchen", com os jovens de 14 a 18 anos, a sua "Hitlerjugend" (juventude hitlerista) e a "União de Moças Alemãs".

Consoante ele descreve: "fomos empurrados para a guerra com os lindos poemas alemães de Goethe e Schiller, com elevadas ideias da filosofia alemã" (id., 2008, p. 10). E vai além,

> como SS "minha honra significa fidelidade" erradicava-se dos rapazes a autoestima burguesa e a consciência cristã. "Fidelidade é a

nossa marca de honra": com tais e semelhantes ditos, jurados em numerosos hinos e rituais de bandeiras, a juventude foi preparada para a abulia e a obediência incondicional: ordena Führer, e nós te seguiremos! (id., 2007, p. 39).

Continuamos no recorte bibliográfico de Moltmann. Duas experiências significativas: o sobrevivente da operação "Sodoma e Gomorra", em 1943, e o prisioneiro de guerra na Escócia e na Inglaterra, em 1945.

1.2.1 Operação "Sodoma e Gomorra"

O início da busca teológica por Deus e a fonte de sua teologia brotaram da experiência que viveu quando prisioneiro de guerra de 1945 a 1948. Foi uma procura desesperada por Deus e representou uma luta pessoal com aspectos obscuros "da face oculta".

> O começo de minha busca teológica por Deus coincidiu com o fim pavoroso de minha cidade natal, Hamburgo, em 1943. Pode-se dizer que sou um sobrevivente de "Sodoma e Gomorra". Essa menção não tem nada a ver com poesia religiosa, mas com uma realidade dolorosa. Quando essa lembrança me vem à mente, me assaltam temor e tremor (id., 2008, p. 9).

E continua:

> Em julho de 1943, fui ajudante da Força Aérea numa bateria antiaérea no centro de Hamburgo, e por pouco sobrevivi ao ataque desfechado pela "operação Gomorra" da Royal Air Force, no leste daquela cidade. O amigo que estava ao meu lado no equipamento de comando foi estraçalhado pela bomba que me poupou. Aquela

noite clamei pela primeira vez por Deus: "Meu Deus, onde estás?". Desde então, fui perseguido pela pergunta: Por que não estou morto também? Para que vivo? O que dá sentido à minha vida? É bom viver, porém, é duro ser um sobrevivente. É preciso suportar o peso do luto. É provável que minha teologia tenha começado naquela noite, pois sou originário de uma família secularizada e não conhecia a fé. Provavelmente, todos os que escapam consideram o fato da sobrevivência não apenas uma dádiva, mas também uma incumbência (ibid., p. 10).

Em razão de tal realidade e da experiência de sofrimento, as perguntas existenciais surgiram. Moltmann se viu numa busca de sentido para a própria vida e na tentativa de encontrar uma resposta para o que acontecia consigo. Foi precisamente nesse *locus theologicus* de destruição e caos que se perguntou, não pela existência de Deus, e sim onde ele estava naquele momento: "A bomba que esfacelou um de meus colegas, ao meu lado, me poupou de modo indescritível. Naquela noite de morte em massa, gritei pela primeira vez por Deus: 'Meu Deus, onde tu estás? Onde está Deus?'" (ibid., 2008, p. 10).

A pergunta não era por que Deus permitia acontecer tal realidade, e sim onde estava Deus. Se estava longe e ausente, no céu, ou se estava ali e sofrendo com todos, compartilhando o sofrimento. Para o autor, dois problemas lhe surgiram naquele momento: "o problema teórico de acusar Deus diante da dor e do sofrimento das vítimas (o chamado problema da teodiceia) e o problema existencial acerca da comunhão com Deus no sofrimento" (id., 2007, p. 80). O primeiro pressupõe um Deus apático e distante, no céu; o outro é a busca de um Deus compassivo – "o companheiro no sofrimento que nos compreende".

Nesse *locus theologicus* inicia-se o encontro do então jovem Moltmann com Deus, alguém que lhe era ainda desconhecido, mas que, aos poucos, se revelava em esperança para um novo começo, para uma nova vida.

> Para mim, a fé cristã teve início com uma busca desesperada por Deus e com uma luta pessoal com os aspectos obscuros "da face oculta" de Deus. Como ajudante da Aeronáutica, presenciei, no final de julho de 1943, a destruição da minha cidade natal, Hamburgo, pela "operation Gomorrah" da RAF (Royal Air Force britânica), e sobrevivi por pouco à tempestade de fogo que carbonizou 40.000 pessoas. O amigo que se encontrava ao meu lado foi estraçalhado pela bomba que me poupou (id., 2004, p. 17).

Essa experiência oferece a chave teológica para revelar o entendimento do que aconteceu com ele.

Após vivenciar "Sodoma e Gomorra", o autor foi feito prisioneiro de guerra.

1.2.2 Prisioneiro de guerra

Moltmann lutou na Segunda Guerra Mundial, como quase todos os jovens alemães da época. Após o bombardeio de sua cidade natal pela operação "Sodoma e Gomorra", foi capturado pelos ingleses na Bélgica, em 1945, mantido prisioneiro até 1948. A guerra desencadeou uma crise de fé na vida:

> Seis meses depois, ou seja, em fevereiro de 1945, caí prisioneiro dos britânicos e tive mais três anos de prazo para refletir sobre os terrores sofridos durante a guerra e sobre os crimes contra a

humanidade praticados pelos alemães em Auschwitz. Eu buscava por uma certeza na vida, pois tinha perdido a minha (ibid., p. 18).

Foi verdadeiramente uma experiência de "noite escura" – experiência de apatia e indiferença, a ponto de sentir-se um morto-vivo:

> O meu mundo interior desabou. Eu recolhi meu coração que sangrava dentro de uma carapaça de imperturbabilidade e apatia. Isso foi uma forma de prisão interna para a alma, somada à prisão externa. Uma pessoa pode se tornar tão apática e indiferente que não é capaz de sentir nada: nem alegria, nem dor. Então, não se vive mais, torna-se como que um morto-vivo (id., 2008, p. 10).

Nesses três anos como prisioneiro de guerra, ele trava uma batalha espiritual com o próprio Deus, a exemplo de Jacó (cf. Gn 32,25-32). Este texto bíblico reflete a luta de Jacó com o anjo durante toda a noite. Na peleja recebe Jacó a bênção da vida, e a marca na coxa foi sempre a recordação da luta e do estupor de estar vivo. À semelhança de Jacó, Moltmann procura respostas às perguntas existenciais para entender a "face abscôndita" e o silêncio de Deus na guerra e no tempo de prisão.

> Durante três anos como prisioneiro de guerra na Escócia e na Inglaterra, procurei uma resposta. Em todas as noites, travei uma batalha com Deus como Jacó, que lutou contra o Anjo do Senhor no Vale de Jacó. Tratou-se de uma luta contra o lado mais obscuro de Deus, contra sua face abscôndita, contra o "não" de Deus que tivemos que suportar durante a guerra e na miséria do tempo de prisão. Nós escapamos da morte no conflito, mas para cada um que sobreviveu houve centenas que morreram. Nós escapamos do

inferno, mas puseram-nos atrás do arame farpado e perdemos a esperança (ibid., 2008, p. 10).

Segundo suas afirmações, porém,

> nos campos da Bélgica e da Escócia, experimentei tanto o colapso das coisas que haviam sido certeza para mim como também uma nova esperança com a qual viver oferecida pela fé cristã. Provavelmente, devo a essa esperança não apenas minha sobrevivência mental e moral, mas também a física, pois foi ela que impediu que eu me desesperasse e me entregasse (ibid., p. 10).

Três experiências nos campos da Bélgica e da Escócia marcam a vida de Moltmann como prisioneiro e iniciam novo despertar na fé: uma cerejeira florescente, a hospitalidade e a solidariedade de trabalhadores escoceses e suas famílias e a Bíblia ganha como presente de um capelão do Exército inglês. O próprio autor descreve a primeira experiência significativa:

> Em maio de 1945, tivemos que empurrar um veículo no miserável campo de prisioneiros da Bélgica. Eu o fiz calado e sem a menor vontade. De repente, notei que estava entre lindas cerejeiras florescentes. A vida plena "olhou" para mim. Eu caí quase inconsciente, mas senti a primeira centelha de vida novamente em mim (ibid., p. 11).

Na segunda experiência, descreve como a solidariedade e as hospitalidades dos trabalhadores escoceses vão transformando seu coração:

Na Escócia, trabalhamos na construção de ruas junto com o povo nativo. Eles nos chamavam pelo nome, mesmo que nós trouxéssemos em nossas costas apenas números. Eles trataram seus antigos inimigos com uma hospitalidade tão natural, uma solidariedade tão humana, que me senti profundamente envergonhado. Por meio deles, fomos transformados de figuras petrificadas em pessoas que novamente podiam sorrir (ibid.).

O fato que mais o toca e o desperta à reflexão teológica, no entanto, é o contato com a Bíblia que recebera como presente de um capelão do Exército inglês. Dois textos são fundamentais para ele: o Salmo 39 e o Evangelho de Marcos, onde se menciona o grito de morte de Jesus: "Meu Deus, por que me abandonaste?". Ao se deparar com o grito de Jesus na cruz, Moltmann se percebe no clamor do abandonado de Deus por Deus.

À noite, li primeiro os Salmos de lamentação do Antigo Testamento. Com a leitura do Sl 39 (v. 3, 5, 12), me senti tocado. Isso foi ao fundo de minha alma. Depois, li o Evangelho de Marcos e encontrei a passagem que menciona o grito de morte de Jesus: "Meu Deus, por que me desamparaste?". Eu comecei a entender o Jesus que foi atribulado por Deus, exatamente porque me senti entendido por ele (ibid.).

As leituras tocam-lhe a alma. Em muitos de seus relatos e escritos, ele assinala, sob sofrimento e abandono, se haver identificado com o sofrimento de Jesus na cruz, a ponto de poder exclamar em seu coração: "Senhor meu e Deus meu!". Esse momento marcou o encontro do jovem com Deus. Existe aí uma identificação de Moltmann com o grito do Cristo, pois sente no Crucificado alguém que lhe é próximo:

Naquele momento, eu não me decidi por Cristo, como é comumente exigido por muitos. Mas estou seguro de que, naquele instante e naquele lugar, no escuro buraco da minha alma, Cristo me achou... [...] Naqueles dias, o abandono de Cristo na cruz me mostrou onde Deus está presente, onde ele estava naquela noite de chamas em Hamburgo e onde ele estará ao meu lado, aconteça o que acontecer no futuro. Esta convicção não me tem abandonado até hoje (ibid., p. 11).

A experiência de sentir-se envolto por Deus, numa situação de morte e resignação, converte-se no primeiro *locus theologicus*, a raiz dos esforços teológicos: "O abandono de Cristo por Deus me mostrou *onde* Deus está, *onde* ele estava e *onde* estará comigo em minha vida" (id., 2002, p. 13). No abandono de Cristo na cruz, Moltmann encontra Deus, e, nessa ação, um ato solidário de Deus que atinge toda a humanidade. Compreende que toda dor e sofrimentos se encontram atingidos e representados na cruz de Jesus, que transfigura em sua morte todos os limites humanos. A compreensão que ele adquire com o tempo e mediante a sua reflexão teológica dessa experiência mostra-lhe que Deus não é silencioso, nem apático, mas solidário e, ao mesmo tempo, sofredor. Moltmann é capaz de refazer o conceito de Deus com base na visão da solidariedade, pois a solidariedade "não está com o sofrimento e sim com aqueles que sofrem" (KUZMA, 2014, p. 94).

Ao ver em si mesmo e nas demais vítimas traços semelhantes com Jesus, que, por nós, fora crucificado e morto, a existência passa a ter outro significado para ele.

Em meio à morte e à angústia, Moltmann experimenta "a esperança que vem de Deus" (MOLTMANN, 2004, p. 18).

Experimenta Deus como esse lugar espaçoso da liberdade, no qual se pode respirar e ressurgir. O encontro com a esperança nesse momento é o ponto inicial de sua reflexão teológica:

> As minhas experiências de morte no final da guerra, meus períodos de depressão por causa da culpa do meu povo e os perigos interiores da resignação completa atrás do arame farpado foram, para mim, o primeiro *locus theologicus* e continuaram no recôndito da minha alma (ibid.).

A esperança foi companheira e refúgio, sendo em vários momentos a força que o manteve vivo, razão de ainda hoje ser companheira inseparável: "Em minha juventude, fui salvo pela esperança" (ibid., p. 17). Foi o caminho que o conduziu à fé cristã, consequentemente, à teologia.

Após um tempo de reflexão, decide abandonar a ideia de examinar física e matemática para estudar teologia, em busca da verdade de Cristo: "Eu me tornei tão fascinado por aquela experiência de vida que perdi meu interesse pela matemática e pela física. Decidi estudar teologia para investigar o que é a verdadeira fé cristã" (id., 2008, p. 11).

Com esse intuito, ao tomar conhecimento de outro campo na Inglaterra onde se podia estudar teologia, Moltmann se inscreve e é levado, em 1946, por um soldado inglês para Norton Camp, que ficava nas proximidades de Nottingham.

Nesse campo, professores prisioneiros ensinavam teologia aos prisioneiros, visando à formação de pastores para a Alemanha pós-guerra. Moltmann estuda hebraico, ouve várias preleções teológicas e lê vários livros, dos quais como ele mesmo sublinha: "não entendia uma palavra sequer" (ibid., p. 12). Estava em busca da verdade e sentia que não procurava por Deus, se ele antes não o escolhesse. Viu nascer nova esperança na fé cristã e a possibilidade da sobrevivência espiritual e física. De acordo com o autor; "Depois dos meus anos das 'trevas de Deus', o sol nasceu para mim naquele campo de prisioneiros. Eu ouvi o 'sim' de Deus que se esconde em todo 'não' dele" (ibid., p. 11).

Em 1948, deixa o cativeiro, "mancando da coxa", tal qual Jacó depois de sua luta contra o Anjo do Senhor. Ainda assim, porém, "abençoado", pois percebe o "rosto resplandecente" de Deus, depois de ter sofrido tanto com sua "face oculta" (ibid., p. 12).

Voltando à Alemanha como cristão e com nova disposição de vida, prossegue os estudos em Göttingen. Não sabia a que Igreja se dirigir nem que profissão exercer. Em Göttingen estuda teologia e filosofia "para descobrir se existe alguma verdade em Cristo e, em caso afirmativo, qual seria ela" (id., 2004, p. 18).

Ali entra em contato com Hans Joachim Iwand, profundo conhecedor de Lutero, que o convence do poder libertador da doutrina reformada da justificação e da teologia protestante da cruz. Solidifica a sua formação bíblica com os grandes exegetas da época, Gerhard von Rad e Ernst Käsemann, o primeiro para o Antigo Testamento e o outro para o Novo Testamento. Moltmann doutora-se, assim, na Universidade de Göttingen, em 1952.

Outra experiência singular na vida pastoral e teológica do autor acontece em 1953, quando, pós-graduado, é enviado à comunidade reformada de Bremen-Wasserhorst, pequena comunidade rural composta por 400 pessoas. Para ele, esse fato é de suma importância, pois acabara de sair pós-graduado de uma universidade e se vê às voltas com outra realidade totalmente desafiadora. Nessa comunidade, foi confrontado com a vida simples do povo. Esse contato foi significativo, pois o conduziu a reconfigurar sua linguagem teológica. Após ter conhecido a teologia acadêmica, tomou conhecimento da "teologia do povo" na luta das famílias pelo sustento diário, nas memórias de seus mortos e nos cuidados com crianças. Moltmann assinala:

> Desenvolvi a minha teologia pessoal à minha própria maneira pelas casas e nas visitas a doentes. Foi ali que surgiu um novo "círculo hermenêutico": entre a interpretação do texto e a experiência de comunhão das pessoas nas suas famílias, na vizinhança e no seu trabalho (ibid., p. 19).

Tal vivência pastoral o fez convicto da teologia comum dos que creem e a considerar um ermo a preeminência de uma teologia puramente acadêmica. A experiência marca o jovem teólogo, quando, mais tarde, destaca a importância da comunicação entre a "teologia do povo" e a "teologia acadêmica".

> As duas teologias, a acadêmica e a popular, devem relacionar-se uma com a outra, levar-se mutuamente em consideração e aprender uma da outra. Se a teologia acadêmica não for para o meio do povo, ela perde a sua base. Sem a Igreja, a teologia cristã não pode existir como disciplina universitária. Ela se desfará em ciência da religião. Em contrapartida, a teologia do povo perde o seu caráter racional quando não dá atenção à teologia acadêmica ou quando despreza as suas competências (ibid., p. 22).

Em decorrência das situações vivenciadas, Moltmann assinala que três coisas permaneciam: (I) em todo fim, está oculto um novo começo. Quando você procura por ele, ele o achará; (II) quando você, em situações de coragem, se agarra à esperança, as correntes começam a doer, mas a dor é, nesse caso, um sinal de vida. A resignação é, entretanto, um sinal de morte; (III) "a voz divina que eu ouvi por meio de Cristo me falava diariamente: 'Assim também procura tirar-te das faces da angústia para um lugar espaçoso, em que não há aperto' (Jó 36,16)" (id., 2008, p. 12).

1.3 Trajetória teológica

Como vimos no seguimento anterior, a dimensão biográfica é essencial para conhecer a reflexão teológica de Moltmann. A partir da experiência de vida, a teologia torna-se para o autor não uma ciência objetiva sobre fatos a serem comprovados, muito menos é a técnica pela qual controlamos e dominamos os âmbitos da experiência humana. A teologia é "saber que sustenta a existência" e que nos faz perseverar na vida e na morte. A teologia é "um padecer em Deus" e também um "prazer em Deus", alegria expressa na existência humana na proximidade de Deus.

Essa sensibilidade faz de Moltmann um brilhante teólogo, mais intuitivo do que sistemático, com aguçada sensibilidade teológica aberta aos grandes e desafiadores temas contemporâneos. A reflexão é produzida à proporção que a realidade, com todas as ambiguidades, vai estabelecendo questões – onde o caminho só foi surgindo ao caminhar – com sensibilidade voltada às novas perspectivas e aos aspectos inusitados da realidade. Refletir acerca dos problemas gritantes do seu tempo, desde a perspectiva teológica, fascinava sua curiosidade intelectual: "A teologia foi e é para mim uma aventura das ideias. Ela é um caminho aberto, convidativo. Ela fascinou e até hoje fascina a minha curiosidade intelectual. Por essa razão, os meus métodos teológicos surgiram pelo conhecimento dos objetos teológicos" (id., 1993, p. 161).

Ele nunca pretendeu elaborar uma teologia no sentido clássico do termo. Não almejou ser discípulo dos grandes teólogos da geração precedente, tampouco "fundar uma nova escola teológica". Tudo o que queria era "estimular outros a descobrirem a teologia por si mesmos, a formularem seus próprios pensamentos teológicos" (id., 2004, p. 10). Aberto à reflexão teológica e aos problemas contemporâneos, entre eles os de teor social e político, unidos ao engajamento com causas da ecologia e do ecumenismo, estes fazem de Moltmann um dos teólogos mais influentes dos séculos XX e XXI. Como disse Battista Mondin, "Moltmann é a figura mais representativa da teologia protestante do século XX, após Barth, Tillich, Culmann e Bonhoeffer" (MONDIN, 2003, p. 283).

Sua influência se estendeu à teologia católica e ortodoxa, pela abertura ecumênica e pela repercussão de suas ideias nas teologias da libertação no Terceiro Mundo. Sempre esteve envolvido no diálogo ecumênico entre católicos, cristãos ortodoxos, judeus e marxistas, fato que não o impede, como teólogo luterano, de fazer crítica à Igreja Católica, quando esta, na sua compreensão, não se abre ao movimento ecumênico. Dentre os teólogos modernos, é o que mais incentivou a formação dos movimentos progressistas na Igreja, entre os quais a teologia política, negra, da libertação e feminista.

Em outubro de 1977, numa conferência reunindo teólogos e teólogas da teologia da libertação, teologia negra e teologia feminista, na cidade do México, Moltmann identifica-se profundamente com esses grupos, ao mesmo tempo que confirma a missão que o perseguia há muito tempo: compromisso com o futuro dos povos e da terra. A proximidade e contribuição junto aos teólogos da libertação ajudaram a torná-lo uma referência na reflexão teológica latino-americana da segunda metade do século XX. Essa influência ultrapassa círculos teológicos e se estende às comunidades das Igrejas cristãs, em virtude do forte componente experiencial e prático da teologia, o que o tem aproximado dos diversos centros acadêmicos e públicos da sociedade atual, transcendendo as fronteiras da Europa.

Há um fio condutor que perpassa todas as reflexões: a esperança no futuro, fundamentada na cruz e na ressurreição de Jesus Cristo. Esperança fundamentada na história e na experiência que responde às aspirações de todo ser humano. Por esse motivo, sua teologia foi tão acolhida pelo público em meio às agitações e aos anseios políticos dos anos 1960. E continua a atrair interesse à medida que apresenta a teologia centrada nas respostas às grandes questões contemporâneas analisadas à luz das promessas de Deus para o futuro.

Com relação às obras de Moltmann, Bauckham (2008) distingue dois tipos. Em primeiro lugar, obras que expressam a realidade e os anseios políticos dos anos de 1960 e 1970, a saber: *Teologia da esperança* (1964), uma reflexão da dimensão escatológica de toda teologia; *O Deus crucificado* (1972), uma atualização da teologia da cruz, de Lutero, que considera a cruz de Cristo como o critério da verdadeira teologia cristã; e *Igreja no poder do Espírito* (1975), complementação das perspectivas anteriores com amparo numa dimensão eclesiológica e pneumatológica. Nelas estão as ideias principais mais fecundas, com repercussão fora do âmbito das teologias alemã e luterana. Constituem uma trilogia que fundamenta o pensamento do autor.

Junto a essas três obras principais, há de se mencionar o segundo grupo, formado por seis outras que constituem o desenvolvimento sistemático das ideias fundamentais expostas nas três primeiras. Moltmann prefere falar de aportes sistemáticos à teologia ou contribuições aos temas maiores da teologia. Nessas obras, o autor desenvolve os lugares-comuns da teologia ou os tratados fundamentais: *Contribuições à teologia* (1979); *Trindade e Reino de Deus* (1980); *Deus na criação* (1985); *O caminho de Jesus Cristo* (1989).

Em segundo lugar, vêm as introduções que refletem as inquietações dos anos 1990. Abrangem os diversos temas teológicos: Trindade, criação, cristologia, pneumologia e escatologia. São elas: *Espírito da vida* (1991), *A vinda de Deus* (1995), *A fonte da vida* (1997).

Em 2000, Moltmann escreve *Experiências de reflexão teológica*, em que aprofunda o método e resume todo o seu itinerário teológico com base na experiência entendida como lugar onde nasce o pensar teológico.

Moltmann está sempre atento aos problemas que angustiam a humanidade. Neste milênio preocupam-no, em particular, os problemas ecológicos e energético. São preocupações constantes nas suas últimas obras, principalmente em *O Espírito da vida* (1991).

2. Teologia da cruz de Lutero

Aproximemo-nos, então, da *"theologia crucis"* de Lutero, pois um elemento significativo que se encontra na reflexão de Moltmann é a influência da teologia de Martin Lutero. Tal influxo o conduz a pensar acerca da teologia da cruz: é no Crucificado que se radica o critério para a teologia cristã. Nesse sentido, vamos situar a participação de Lutero no capítulo da Ordem agostiniana, em Heidelberg, onde expôs várias teses. Logo depois, apresentaremos as teses 19 e 20 – o coração da *"theologia crucis"* – e a concepção de Deus que subjaz à reflexão que influenciou a teologia de Jürgen Moltmann.

Ao iniciarmos a reflexão sobre a *"theologia crucis"* de Lutero, é importante termos em vista seu fundamento bíblico, que se encontra na teologia de Paulo, em cujo centro está o Evangelho de Cristo crucificado, com alusões explícitas ao mistério da cruz. Paulo nos convida a assumir todas as consequências do escândalo da cruz, sendo fiel ao Evangelho do Crucificado, fazendo do mistério da cruz motivo de glória e identidade cristã.

A expressão *"theologia crucis"*, porém, é uma formulação que Lutero usou em 1518, no debate em Heidelberg, para expressar o "conhecimento reformador do Evangelho libertador do Crucificado contra a '*theologia gloriae*' da Igreja medieval" (McGRATH, 2014, p. 201). Lutero procurou captar e fazer hermenêutica para seu contexto da essência da cruz, tal como Paulo a anunciou aos coríntios (cf. 1Cor 2,1-5). Com procedência nessa hermenêutica, a expressão *"theologia crucis"* torna-se novidade teológica, expressando a ideia fundamental de Lutero e a essência de toda a teologia.

2.1 As teses de Heidelberg

Em 26 de abril de 1518, a convite do superior da Ordem agostiniana, Johannes von Staupitz, Lutero preside a abertura do Capítulo da Ordem agostiniana em Heidelberg. Essa incumbência, confiada por Staupitz a Lutero, para expor uma série de teses no Capítulo Geral dos agostinianos alemães, deve ser vista como distinção da própria Ordem com relação a Lutero, pois: "ela significa que tanto Staupitz quanto a Ordem de Lutero não estão dispostos a abandoná-lo. Nesta perspectiva, Lutero não conta com adversários no debate realizado a 26 de abril de 1518", quando já emergem e se evidenciam os elementos principais da *"theologia crucis"*.

Lutero expõe o novo princípio teológico de conhecimento durante a exegese do Salmo 22. Divide as 28 teses do debate de Heidelberg em quatro momentos: obras (parágrafos de 1 até 11), livre-arbítrio e pecado (parágrafos 12 a 18), definição do teólogo (parágrafos 19 a 21), graça (parágrafos 25 a 28). É importante frisar que a *"theologia crucis"* de Lutero não deve ser vista como apêndice do pensamento inicial, mas como resultado da mesma trajetória de pensamento que levou à descoberta referente à "justiça de Deus". A consideração sobre a natureza da "justiça de Deus" origina também a reflexão sobre os atributos divinos, como justiça, sabedoria e poder, portanto, um novo conceito sobre Deus na teologia luterana. Uma análise da teologia da cruz deve levar em conta toda a obra, ao contrário da visão difundida por Otto Ritschll, que considerava a teologia da cruz como a fase monástica ou pré-reformatória de Lutero. Há consenso em afirmar que sua doutrina da justificação pela fé e a teologia da cruz são compreendidas como resultado do mesmo manancial teológico em todo o processo como reformador.

Lutero, na introdução às teses teológicas em Heidelberg, acentua que a pretensão era oferecer paradoxos teológicos para que discernissem se seus ensinamentos estão de acordo com os ensinamentos de Paulo, a quem ele chama de "vaso e órgão de Cristo escolhido por excelência", e de Agostinho, "fiel intérprete de Paulo" (LUTERO, 1987, p. 38).

As teses de Heidelberg contêm crítica à teologia especulativa da Idade Média, na qual se procurava refletir sobre a natureza de Deus com o apoio nas coisas visíveis do mundo criado. Recorrendo sempre a Paulo, que confrontou a loucura da cruz com a sabedoria deste mundo, paralelamente, o escândalo da cruz com as obras da Lei, Lutero dirige a *"theologia crucis"* polemicamente contra o caminho religioso do conhecimento, por meio da contemplação das obras de Deus, e contra o caminho moral da autoaprovação por meio das obras.

De acordo com Moltmann, Lutero não vê a cruz de Cristo de maneira mística, mas como protesto de Deus contra o mau uso do seu nome com propósitos de coroamento religioso da sabedoria e atividade humanas, do império cristão, da sociedade medieval eclesiástica. Inicia-se, pois, com a *"theologia crucis"*, a luta reformatória pela libertação do homem escravizado sob a coação das obras e da produtividade. Moltmann constata que a metafísica e a ética de Aristóteles, que estão por trás da teologia medieval como ciência e prática eclesiástica, estão fundamentadas sobre o efeito da obra. A teologia medieval via-se questionada pelo novo paradigma expresso por Lutero na *"theologia crucis*", que reconheceu Deus, não com amparo em obras, mas mediante a cruz.

Há uma inversão na composição epistemológica da teologia, pois não se faz teologia buscando, por intermédio do raciocínio, provar a existência de Deus, mas se conhece Deus por intermédio da cruz e do sofrimento. Consoante Moltmann, o "inimigo da teologia de Lutero não é a teologia católica e medieval em si, mas o interesse desumano do homem na autodeificação por meio do conhecimento e das obras que ele vê por trás disso" (MOLTMANN, 2004, p. 102). No intento de salvar-se por obras, o homem barganha com Deus as realizações pessoais.

A ênfase de Lutero na cruz como critério e fundamento teológico surge da tradição de meditação sobre os sofrimentos de Cristo, característica já constante na espiritualidade da Baixa Idade Média. Alguns estudiosos defendem o argumento de que a teologia da cruz luterana depende, em parte, do conhecimento que teve Lutero de alguns escritores místicos da Idade Média tardia. Afirma-se, inclusive, que o essencial da teologia da cruz não vai além dessa influência mística. Loewenich (1987) encontra pontos de contato entre Lutero e a tradição mística.

2.2 Teses 19 e 20

Em razão da abrangência dos temas tratados nas teses expostas e das limitações deste estudo, a análise ficará restrita à teologia da cruz, conforme a reflexão de Lutero no debate de Heidelberg, de 1518, às teses 19 e 20, onde está o coração desse entendimento teológico.

McGrath, teólogo de Oxford, garante que as teses expostas por Lutero podem ser encontradas nas teses 19 e 20 (cf. McGRATH, 2014, p. 202). São elas as mais comentadas e conhecidas:

19 – Aquele que observa as coisas invisíveis de Deus, compreendidas por intermédio das coisas criadas, não merece ser chamado de teólogo.
20 – Mas aquele que compreende as partes visíveis posteriores de Deus, observadas no sofrimento, merece ser chamado de teólogo.

É importante frisar que a ênfase dada por Lutero não é contra a teologia como o conhecimento de Deus em si, mas contra o teólogo, ou seja, o homem que busca conhecer a Deus. Conclui Moltmann: "não é a teoria teológica em si, o seu objeto e o seu método que são examinados, mas a teoria em relação a seu uso pelo homem" (MOLTMANN, 2014, p. 258). Ele pergunta pelo interesse dominante do conhecimento de Deus e pelo uso do conhecimento pelo homem. Com apoio nessa observação, pode-se compreender o que Moltmann afirma, ao dizer que a preocupação nas teses não é falar de uma *teologia gloriae*, mas de um *theologus gloriae*.

Lutero contrapõe o conhecimento que o teólogo tem de Deus – que vem de seu sofrimento e cruz – ao conhecimento de Deus que vem das obras na criação e na história, pois há uma incompatibilidade entre o conhecimento natural e sobrenatural e a total alteridade de Deus com relação ao mundo. O caminho de conhecimento criticado, o da teologia natural. Há, portanto, grande inversão no entendimento epistemológico da teologia. Lutero condena a *teologia gloriae*, que busca Deus nas especulações "embriagadoras" sobre a majestade deslumbrante de Deus, sendo que tal conhecimento não o torna digno nem sábio. Isso fica evidente naqueles que fizeram isso e que são chamados de tolos por Paulo em Romanos 1,22: "Pretendendo serem sábios, tornaram-se tolos".

Buscam conhecer a Deus com base em suas obras, a fim de justificar a si mesmos por um conhecimento "ascendente". Esse método parte, segundo a tese 19 de Lutero, das obras de Deus, onde se vai do efeito à causa, das obras ao produtor das obras e, assim, mediante processo racional, chega-se ao conhecimento indireto da essência invisível de Deus: seu poder, sai divindade, sabedoria e justiça. É o que Paulo fala aos gentios em Romanos 1,19-20:

> Porquanto, o que se pode conhecer de Deus lhes tornou manifesto. De fato, Deus lhes tornou manifesta sua realidade invisível desde a criação do mundo, por intermédio das coisas criadas perceptíveis pelo conhecimento, ou seja, seu poder eterno e divindade, de tal modo que eles não têm culpa.

A realidade invisível de Deus, que é poder e divindade, tornou-se inteligível desde a criação do mundo. Na tese 20, seguindo o raciocínio de Romanos 1,18ss e o aproximando de 1 Coríntios 1, Lutero contrapõe o conhecimento de Deus na cruz ao conhecimento natural de Deus mediante as obras. De um conhecimento de Deus "ascendente, fruto da teologia natural, Lutero, fundamentado nos escritos de Paulo, propõe o conhecimento de Deus "descendente", onde, na contradição da dor e dos sofrimentos, Deus se revela a nós. Lutero não discute a possibilidade do conhecimento natural de Deus, mas sua realidade. O conhecimento natural de Deus está potencialmente aberto ao homem, mas este faz mau uso dele no interesse de sua exaltação e deificação, abusando do conhecimento de Deus que o "infla" e o ilude a respeito de sua verdadeira situação.

A teologia da cruz não parte das obras visíveis de Deus, a fim de revelar a essência invisível de Deus, mas sim do contrário, daquilo que a "essência de Deus" tornou visível e mostrou ao mundo. A essência visível de Deus revelada ao mundo é o "sofrimento e a cruz de Cristo", onde somente o Crucificado é a verdadeira teologia e o conhecimento do homem a respeito de Deus. Tal conhecimento só se encontra na humildade, na qual não se reconhece Deus em seu poder, mas no sofrimento e na fraqueza, no Cristo crucificado. O homem, assim, procura Deus nas coisas posteriores e visíveis, que são opostas às invisíveis, isto é, humanidade, debilidade, tolice, conforme explicita Paulo em 1 Coríntios 1,25: "Porque a loucura de Deus é mais sábia que os homens; e a fraqueza de Deus é mais forte que os homens".

Lutero enxergou que a verdadeira sabedoria está no Cristo crucificado e que a encontra revelada na loucura, na debilidade da cruz, "*logus*" autêntico do conhecimento de Deus, onde ele se revela, mas paradoxalmente se oculta. O Deus *abscôndito* se revelou na cruz: "Verdadeiramente tu és Deus abscôndito" (Is 45,15). Na cruz de Cristo, a essência de Deus é visível e conhecida diretamente. Na cruz, portanto, o conhecimento de Deus é real e salvífico.

Moltmann, com inspiração poética, ao descrever a teologia da glória e a teologia da cruz, conclui: "Se lá (teologia da glória) vemos as suas mãos, aqui (teologia da cruz), vemos o seu coração" (ibid., p. 263). Portanto, não basta conhecer a Deus em glória e majestade, se não o conhece na humildade e no escândalo da cruz, pois no Cristo crucificado é que está a verdadeira teologia e o vero conhecimento de Deus. Na cruz de Cristo, é o ser de Deus que se torna visível e diretamente cognoscível. Conclui Moltmann que a *"theologia crucis"* de Lutero é uma radicalização da doutrina da encarnação com intenção soteriológica.

Com amparo na reflexão de Lutero, surge outro paradigma. Há uma inversão na composição epistemológica da teologia. Não se faz teologia buscando, mediante o raciocínio, provar a existência de Deus, mas se conhece Deus com origem na cruz e no sofrimento.

Assim, a cruz de Cristo é a escala para medir o conhecimento das realidades ocultas de Deus. Buscar Deus em outra parte é pensamento vão e inútil. Essa compreensão epistemológica realizada por Lutero implica nova concepção de teólogo, diferente, portanto, dos teólogos daquela época, que usavam a filosofia aristotélica para a explicação das verdades reveladas. Lutero, na tese 20, coerente com a nova teologia, define sua concepção de teólogo.

O "teólogo da glória" prefere "as obras aos sacrifícios; a glória à cruz; a sabedoria à loucura e, em geral, o bem ao mal" (LUTERO, 1987, p. 38). Acredita na capacidade do intelecto humano nas obras para chegar a Deus. Despreza os sofrimentos, tanto divinos como humanos, pois, para ele, Deus se encontra no que ele considera ser o "bem", isto é, o alto, a glória, a especulação. Para o "teólogo da glória", Deus não se encontra no vil, no desprezível deste mundo. Assim, o "teólogo da glória chama ao mal bem e ao bem mal" (ibid., p. 38). Diferente é o "teólogo da cruz" que "chama as coisas como são na realidade" (ibid., p. 38), que busca a Deus nas obras que o "teólogo da glória" chama de "mal" e que são vis e menosprezadas no mundo, precisamente nos sofrimentos e na cruz de Cristo. Se o "teólogo da glória" quer reconhecer a Deus com apoio em suas "obras" criadas, o "teólogo da cruz" não reconhece a Deus em seu poder, mas no sofrimento e na fraqueza. Nesse sentido, o "teólogo da cruz" vê a realidade e diz as coisas como elas são (tese 21); já o "teólogo da glória" se envaidece, fica cego à realidade e se endurece por completo nos argumentos racionais.

McGrath sintetiza os aspectos principais da *"theologia crucis"* de Lutero em cinco temas:

> 1) A *theologia crucis* é uma teologia da revelação que se contrapõe nitidamente à especulação. Aqueles que especulam sobre as coisas compreendidas (*intellecta*) por meio da ordem criada (*quae facta sunt*) perderam seu direito de serem chamados "teólogos".
>
> 2) Essa revelação de Deus deve ser compreendida como indireta e oculta, apesar de realmente ser Deus, que é revelado na paixão e na cruz de Cristo como uma revelação de Deus. Deus está oculto na "humildade e na vergonha da cruz". Os "amigos da cruz" sabem que, por trás da humildade e da vergonha da cruz, estão escondidos o poder e a glória de Deus, mas os outros não conseguem ver isso.
>
> 3) A autorrevelação de Deus deve ser buscada primeiramente nos sofrimentos e na cruz de Cristo, não na atividade moral humana ou nas estruturas da ordem criada. A cruz destrói ilusões humanas sobre a capacidade da razão humana de discernir Deus dessa maneira.

4) O conhecimento desse Deus oculto em sua revelação é, portanto, uma questão de fé. Para Lutero, o teólogo da cruz é aquele que, pela fé, reconhece a presença de Deus oculto nos sofrimentos e na cruz de Cristo.

5) Deus é reconhecido principalmente pelo sofrimento.

"Lutero reflete aqui uma tradição agostiniana que enfatiza muito uma interação imaginativa e empática como sofrimento de Cristo" (McGRATH, 2014, p. 20).

2.3 O Deus crucificado e oculto (*Deus crucifixus et absconditus*)

Diante das teses 19 e 20 expostas há pouco, podemos perguntar: Qual a imagem de Deus apresentada? A resposta a essa indagação é fundamental para entender também a imagem de Deus que perpassa as reflexões de Moltmann.

Para Lutero, Deus é revelado na cruz de Cristo e em Jesus crucificado está o verdadeiro conhecimento de Deus: "É em Cristo crucificado onde está a verdadeira teologia e o conhecimento verdadeiro de Deus" (LUTERO, 1987, p. 38). Na cruz de Cristo é o ser de Deus que se torna visível e diretamente cognoscível.

Qualquer tentativa de procurar Deus em outro lugar, senão na cruz de Cristo, é especulação vã. Comunhão com Cristo só pode ter, pois, quem reconhece, em sua morte na cruz, a revelação de Deus e quem participa de sua morte.

Assim, o teólogo é forçado a conviver com o mistério do Deus crucificado e oculto (*Deus crucifixus et absconditus*), cuja sabedoria se expressa como loucura. A cruz é, portanto, para Lutero, a lei sob a qual se encontra a revelação de Deus, bem como a vida do cristão e da Igreja. Ambas estão relacionadas. A cruz de Cristo não é qualquer cruz, mas é a cruz de Deus que desmascara toda a realidade deste mundo.

De acordo com as considerações de McGrath, na reflexão de Lutero sobre o modo como Deus se revela por via da cruz, o texto bíblico da autorrevelação de Deus a Moisés retratado no livro do Êxodo é fundamental:

> Então, ele (Moisés) disse: "Rogo-te que me mostres a tua glória". Respondeu-lhe: "Farei passar toda a minha bondade diante de ti e te proclamarei o nome do SENHOR; terei misericórdia de quem eu tiver misericórdia e me compadecerei de quem eu me compadecer". E acrescentou: "Não me poderás ver a face, porquanto homem nenhum verá a minha face e viverá". Disse mais o SENHOR: "Eis aqui um lugar junto a mim; e tu estarás sobre a penha. Quando passar a minha glória, eu te porei numa fenda da penha e com a mão te cobrirei, até que eu tenha passado. Depois, em tirando eu a mão, tu me verás pelas costas; mas a minha face não se verá" (Ex 33,18-23).

Moisés pede para ver a glória de Deus. Deus lhe nega a revelação de sua glória e qualquer visão direta da face dele. Tudo o que Moisés pode ter é a breve visão das costas de Deus, quando este se distancia. Com a expressão *"posteriora Dei"*, Lutero se reporta ao texto de Êxodo 33,18-23.

A referência de Lutero ao *"posteriora Dei"* na tese 20 enfatiza que, como Moisés pôde ver Deus apenas pelas costas, foi lhe negado o conhecimento direto de Deus ou a visão da sua face: "Tu me verás pelas costas; mas a minha face não se verá" (Ex 33,23). É um Deus que passa, mas não para; é Deus visto pelas costas, mas cuja face não pode ser vista. Assim, pelo fato de serem as *"posteriora Dei"* que são reveladas, a revelação de Deus deve ser vista como uma revelação indireta de Deus, mas é, mesmo assim, uma revelação genuína. Essa revelação de Deus deve ser compreendida como indireta e oculta: "Verdadeiramente, tu és Deus oculto" (Is 45,15).

O conceito de um Deus oculto (*absconditus Dei*) se encontra no centro da teologia da cruz. O Deus de costas não é o Deus contemplado de cara, próprio da visão beatífica. O *locus theologicus* de sua revelação é a paixão e a cruz do Senhor, e a via cognoscitiva é a inteligência das coisas contempladas. Por isso, não há conhecimento verdadeiro do sagrado e do divino fora de Cristo crucificado: "Em Cristo crucificado está a verdadeira teologia e o conhecimento de Deus" (ibid., p. 38). O "teólogo da cruz", pela fé, reconhece a presença do Deus oculto nos sofrimentos e na cruz de Cristo. Apenas a fé reconhece a revelação velada das *"posteriora Dei"* como revelação de Deus.

Lutero emprega a expressão *Deus absconditus* em dois sentidos principais, segundo McGrath:

> O *Deus abscunditus* é o Deus oculto na revelação. A revelação de Deus na cruz é abscôndita *sub contrario*, onde a força de Deus é revelada em uma aparente fraqueza; e a sabedoria de Deus, em aparente loucura. Onde no evento único da revelação o olho da fé reconhece o *Deus revelatus*, onde os sentidos da percepção encontram apenas o *Deus absconditus*. Portanto, tanto o *Deus absconditus* quanto o *Deus revelatus* podem ser encontrados no mesmo evento da revelação: qual dos dois é visto, depende do observador.

Tomando como premissa que Deus possui muito mais aspectos que jamais poderemos conhecer por meio da sua autorrevelação, Lutero faz uma distinção entre o Deus conhecido através da sua autorrevelação (*Deus revelatus*) e o Deus que, para sempre, permanecerá escondido de nós (*Deus absconditus*) (McGRATH, 2014, p. 219).

Nesse sentido, Lutero (1987) fala abertamente do caráter oculto de Deus. Ele se revela na abscondidade (no oculto). Mesmo estando oculto, porém, faz parte da essência de Deus o querer ser reconhecido. Partindo de Paulo, ele defende a tese de que Deus não quer ser reconhecido em *invisibilia* (coisas invisíveis), mas em *visibilia* (coisas visíveis). Deus se deixa reconhecer em suas *visibilia*. As "*visibilia Dei*" são: *humanitas* (humanidade), *infirmitas* (debilidade) e *stultitia* (tolice). Na paixão do Filho, Deus optou pelo caminho do ocultamento. Quer ser reconhecido na humildade e na ignomínia da cruz. No crucificado Jesus, Deus se revelou na abscondidade. Deus se ocultou sob o sofrimento e a cruz para se revelar dessa maneira. O *Christus crucifixus* revela o rosto de Deus.

Nele, com e sob ele, se pode encontrar Deus. Este se revelou na debilidade. Para ver o rosto de Deus, tem que olhar para o *Christus crucifixus*. Na paixão do Filho, Deus é conhecido na *deformitas* (deformidade). Portanto, a revelação de Deus na cruz é *abscondita sub contrario*, revelando, assim, a força de Deus em aparente fraqueza. É na via da *revelatio sub contrario* que – desde a cruz de Cristo – se oferece a chave hermenêutica do agir de Deus: nas coisas vis e desprezíveis dos homens, manifesta Deus suas maravilhas, impugnando assim toda presunção humana de se apossar e medir o mistério.

Diante da cruz, cabem duas reações opostas: o "teólogo da glória" e o "teólogo da cruz". O "teólogo da glória", inimigo da cruz, despreza essa sabedoria escandalosa, classificando-a como estúpida e perversa – a imagem de Deus que contradiz os critérios de sabedoria e bondade. Por outro lado, o "teólogo da cruz" busca a Deus imerso no escárnio e na humilhação do Gólgota, amando as realidades desprezíveis deste mundo, sabendo reconhecer o divino no contrário, na contrariedade da paixão e da cruz, sendo amigo da cruz; não quer saber outra coisa que esteja fora de Cristo e de Cristo crucificado.

Assim, a *"theologia crucis"* desconcerta os detentores do sagrado. Afirma o Deus que não se deixa reduzir às medidas da sabedoria e da piedade deste mundo e subverte todas elas – o Deus que se rebaixou a si mesmo, escolhendo a via da "imperfeição", do que é débil e estulto para confundir a força e a sabedoria deste mundo. E disso decorre que o "teólogo da glória seja inimigo da cruz", pois não reconhece Deus escondido no sofrimento e prefere as obras ao sofrimento: "O teólogo da glória chama ao mal bem e ao bem mal" (LUTERO, 1987, p. 38).

Nesse sentido, o Deus cristão sempre surpreende e age em sentido contrário ao que o homem espera. Revela-se em acontecimento que resulta ofensivo para o sentido comum religioso do homem, indo ao encontro do homem e revelando-se no lugar menos esperado: na cruz de Cristo.

A teologia da cruz é característica mesma da mensagem cristã e a síntese de sua originalidade. É para Lutero o único conhecimento e a teologia que lhe interessa: *"crux sola est nostra teologia"*. A teologia começa aos pés da cruz, *locus* autêntico do conhecimento humano de Deus. É a teologia da confiança sólida e forte da vitória de Cristo sobre as forças do mal e da injustiça. Não é teologia da debilidade, e sim do "poder da debilidade" (2Cor 12,9), do poder nascido da debilidade. Não uma teologia da morte, e sim da vida que nasce da morte em meio a ela.

A linguagem da cruz, ao ser retomada por Moltmann em diálogo com a sensibilidade contemporânea, impulsiona a práxis como ação efetiva contra a injustiça e a violência, pela qual a cruz questiona as estruturas injustas e opressivas que se exercem sobre as vítimas, encarnando-a na realidade e na práxis, libertando-a de toda resignação e tristeza.

3. Moltmann e a teologia da cruz

No segmento anterior, tivemos uma visão geral e sintética da "*theologia crucis*" de Lutero, destacando elementos significativos. Vamos trilhar agora o caminho da busca da compreensão da teologia da cruz em Moltmann. Com base na experiência de vida e na influência da "*theologia crucis*" de Lutero, Moltmann foi o teólogo moderno que repensou radicalmente a fé à luz da cruz, encontrando, na cruz e na ressurreição do Crucificado, sentido para a história e para a própria vida. Vamos, portanto, relacionar a teologia da cruz e a teologia da esperança e, em seguida, refletir sobre a cruz de Cristo como fundamento da fé diante da crise de identidade e relevância da Igreja.

3.1 Teologia da cruz e teologia da esperança

O abandono de Cristo na cruz desperta grande interesse na reflexão teológica desde a Segunda Guerra Mundial, pela experiência da secularização e da ausência de Deus ante os terríveis genocídios tão característicos desse período.

Os anos 1970 testemunharam o surgimento de um importante movimento em torno do tema da cruz. Dois eventos contribuíram par isso decisivamente: a publicação de *O Deus crucificado*, de Jürgen Moltmann (1972), e da obra *Teologia de La Cruz* (1979), que condensou as principais palestras ocorridas em Roma, por ocasião do segundo centenário da morte de São Paulo da Cruz. O congresso teve como tema "A sabedoria da cruz hoje" (1975), abrindo uma abordagem teológico-sistemática aos novos anseios de um mundo em transformação, enfatizando o acontecimento pascal com maior amplitude, superando-o como um mero símbolo de reparação moral, ampliando-o a um sentido profético e intra-histórico.

Moltmann já apresentava importante reflexão sobre o lugar da cruz na obra *Teologia da esperança*. É conhecida sua teologia como "da esperança", esperança que não pode separar da cruz de Cristo, já que o núcleo de sua teologia é a morte na cruz e a ressurreição. É teologia da esperança, mas também teologia da cruz que faz urgir uma teologia trinitária. A unidade do Jesus histórico e do Cristo da fé é importante para Moltmann para mostrar a conexão entre a "teologia da esperança" e a atual "teologia da cruz". A esperança cristã é, para Moltmann, a esperança sobre o fundamento da ressurreição do Crucificado. Cruz e ressurreição são inseparáveis entre si. A ressurreição ilumina a cruz, dando-lhe sentido de plena revelação do amor de Deus.

Se, na reflexão sobre a teologia da esperança, ele se ocupava, em primeiro plano, com as antecipações do futuro de Deus em promessas e esperanças, agora a reflexão sobre a teologia da cruz busca compreender a encarnação daquele futuro por meio do sofrimento de Cristo e do sofrimento do mundo. A história da dor do mundo e, com ela, a teodiceia se convertem agora no horizonte da cristologia em Moltmann. Não se pode falar propriamente de mudança de posição, mas de perspectiva, fundamentada desde o mesmo ponto: a unidade da cruz e ressurreição. Isso talvez amenize as críticas de mudança brusca de pensamento, pretensamente existente entre a teologia da esperança e a *eschatologia crucis*.

> Uma vez que a "teologia da esperança" começou com a ressurreição do Crucificado, agora voltamos nossos olhos para a cruz do ressuscitado. Naquele momento tratava-se da lembrança de Cristo na forma da esperança de seu futuro, agora se trata da esperança na forma da lembrança da sua morte (MOLTMANN, 2014, p. 21).

Para Moltmann, a teologia da cruz é o reverso da teologia da esperança:

> A teologia da cruz não é outra coisa senão o lado reverso da teologia da esperança cristã. A teologia da esperança em si mesma já estava sendo desenvolvida em direção a uma escatologia *crucis*. A teologia da esperança é marcada pela ressurreição do que foi crucificado, e eu agora volto a examinar a cruz do que é ressuscitado (id., p. 21).

Não há dúvida de que a obra *O Deus crucificado* aprofunda e completa o pensamento anterior exposto na *Teologia da esperança*. Moltmann busca em *Teologia da esperança* aprofundar a temática da esperança cristã que se estabelecera fundamentalmente por meio do princípio da antecipação escatológica, firmado desde a ressurreição de Cristo. Em O *Deus crucificado*, por sua vez, há esforços no sentido de compreender o princípio da encarnação desse futuro, mediante a paixão de Cristo pelo mundo.

Em Cristo, o Deus da esperança revelou-se o Deus crucificado para, com isso, se identificar com todos os crucificados deste mundo. De fato, anotou Moltmann, "não há nenhuma verdadeira teologia da esperança que não seja antes de tudo uma teologia da cruz" (id., 1973, p. 12).

A ressurreição não esvazia a cruz (1Cor 1,17), mas preenche-a de significação escatológica e soteriológica. Assim, essa compreensão dialética da morte e ressurreição de Cristo integra tanto a teologia da esperança como a do Deus crucificado: "Não é possível uma teologia da esperança que não esteja atravessada pela cruz e o sofrimento; nem uma teologia da cruz que não esteja grávida da esperança que garante a ressurreição" (ibid., p. 12). O contexto da fé na ressurreição é a cruz.

Moltmann pôs em relevo o mistério da cruz, integrando-o sempre ao mistério da ressurreição. O Ressuscitado é o Crucificado e o Crucificado é agora o Ressuscitado. Essa compreensão dialética da cruz e da ressurreição enriquece sua teologia de forte caráter cristológico. "A sua ressurreição caracteriza o crucificado como o Cristo e o seu sofrer e morrer como evento de salvação para nós e para muitos" (ibid., p. 12). A ressurreição traz luz para compreendermos a morte de Jesus. Sem a experiência da ressurreição, a cruz perde seu sentido salvífico, é fracasso e definitiva eliminação.

3.2 Teologia da cruz

Moltmann evoca o tema da cruz como uma espécie de chave hermenêutica para a leitura da própria história e também das catástrofes do século XX, que ele mesmo presenciou e sofreu. Há também razões biográficas, as quais o autor sempre alude ao afirmar que, desde que começou a se interessar pela teologia, a cruz esteve no centro do pensamento. Já nos primeiros anos em Göttingen, com base nas experiências pessoais na guerra, é "puxado para dentro do mistério da paixão de Cristo no Gólgota":

> Desde o início dos meus estudos de teologia, em Göttingen, eu era fascinado por esta teologia da cruz, pois, por meio de experiências pessoais na guerra e nos tempos depois, eu fora puxado para dentro do mistério da paixão de Cristo no Gólgota. Em 1972, escrevi a minha própria teologia *crucis* e a publiquei sob o título *O Deus crucificado*. É uma teologia da cruz nas catástrofes do século XX, que eu mesmo experimentei e sofri; não é um estudo sobre Lutero no século XVI (id., 2008, p. 39).

Desse modo, o autor chega a afirmar que a teologia da cruz foi "o ponto central do [seu] pensamento teológico" (id., 1973, p. 19). Reconhece a grande contribuição dos professores Hans Joachim, Ernest Wolf e Otto Weber sobre a teologia da reforma, no período de 1948/1949, em Göttingen. Sua teologia da cruz é uma reflexão que emerge diante das perguntas da fé cristã e da teologia embaladas pela existência de "um prisioneiro de guerra atrás do arame farpado", em que "abalados e destroçados vinham dos campos de concentração e hospitais para as salas de aula" (id., 1973, p. 17).

Nesse contexto, assinala que "uma teologia que não falasse do Crucificado e abandonado por Deus não teria nos tocado" (ibid., p. 17). No prefácio da obra *O Deus crucificado*, novamente, destaca: "Para escrever uma nova teologia do Cristo crucificado eu fui fundo na alma. Deveria ser uma teologia da cruz das catástrofes do século XX, que eu próprio presenciei e sofri, e não um estudo sobre Paulo e Lutero, que aprendi na faculdade em Göttingen" (id., 2004, p. 17).

As experiências pessoais e o contato com a teologia da cruz de Lutero o conduzem a pensar no problema da teologia da cruz e seu critério interno. A "concepção da cruz" e a crítica da "teologia da glória", em Lutero, são a base para a reflexão e o desenvolvimento da "teologia da cruz".

Com esteio na cruz e ressurreição, Moltmann desenvolve uma reflexão teológica disposta a dialogar com o mundo, onde se evidencia que não se pode falar de ressurreição sem a consequente relação com a cruz. Na linha do pensamento de Lutero, reconhece que, no Crucificado, está o critério central da teologia cristã e o ponto de convergência para compreender o acontecimento histórico da cruz.

Moltmann parte da tese profundamente enraizada na tradição luterana: "só é verdadeira teologia cristã a que é realizada à sombra do Crucificado e a partir da cruz" (BOFF, 2012, p. 129). A cruz é a palavra e o lugar com origem no qual compreende e quer falar de Deus. O grito de agonia de Jesus na cruz é a "ferida aberta" de qualquer teologia cristã, onde o discurso da cruz se torna a resposta cristã à eterna questão do sofrimento no que ele tem de incompreensível, principalmente o sofrimento do inocente; discurso que busca nova compreensão da cruz por não se contentar com a forma como esta era apresentada, a saber, muitas vezes marcada com o sacrifício pelo pecado, num tom de remissão, mas não de esperança.

A teologia da cruz de Moltmann mostra Deus ao contrário: impotente, abandonado, amaldiçoado junto aos deserdados da história. Assim, a experiência da dor do mundo provoca outras modalidades de entender a cruz que dá sentido ao "sem sentido".

Ele propõe a cruz de Cristo como critério de verdade para a teologia cristã e faz dela o centro e fundamento de tudo o que a teologia pode pensar e dizer sobre Deus. Assim, repensa radicalmente a fé à luz da cruz. Mesmo sendo sua teologia conhecida como teologia da esperança, essa esperança não se pode separar da cruz de Cristo, já que o núcleo de sua teologia é a morte na cruz e a ressurreição, em que toda esperança está perpassada por crucifixão e pela ressurreição.

Pressupondo que a fé cristã deva ter um caráter público de solidariedade e de transformação do mundo, Moltmann formula uma estrutura teológica de crítica às interpretações persuasivas que distorceram o sentido histórico e teológico da cruz. Chama tal interpretação de "dulcificação da cruz", cuja implicação é a diminuição do significado histórico e teológico da cruz. Torna-se necessário elaborar uma teologia da cruz que leve a cabo a esperança escatológica, articulando ortodoxia com ortopráxis, assinalando a relevância política da cruz na sociedade, de modo que se afirme a importância pública do protesto a todo processo de crucificação presente no mundo; uma teologia da cruz que tenha como *locus* a vida dos crucificados deste mundo.

3.3 A identidade e a relevância da fé cristã

A identidade cristã funda-se na cruz de Cristo (MOLTMANN, 2014, p. 44). A cruz é critério decisivo tanto para a teologia quanto para o Cristianismo. Assim, Moltmann abre a obra *O Deus crucificado* com ampla discussão e análise sobre a crise de relevância e de identidade de que, segundo ele, padecia a fé cristã; uma crise em duplo sentido: "a crise da relevância e a crise da identidade, na qual ambas estão relacionadas:

> A perda de contato e a cegueira diante da realidade tornam a teologia e a Igreja progressivamente obsoletas, onde o dogmatismo congela a viva tradição cristã e o conservadorismo da religião faz com que a liturgia seja imóvel e a moral cristã, muitas vezes contrariando o saber e a consciência, um legalismo mortificante" (ibid., p. 13).

Ele constata que as Igrejas passam por uma fase de resignação e crises depois de terem transitado por um período de abertura e, em seguida, de restauração. De acordo com esse teólogo, o fundamento dessa crise radica na crise de identidade, à medida que os cristãos e as Igrejas tomam consciência da perda da relevância e credibilidade e começam caindo no perigo de perder a identidade; quando só se preocupam com a identidade, há a tendência de enclausurar-se e converter-se numa seita. Ela se torna uma seita insignificante à margem da sociedade em rápidas mudanças sociais. "Uma Igreja que não muda para estar à disposição da humanidade do homem em novas circunstâncias fossiliza-se e morre" (ibid., p. 29).

As crises de relevância e de identidade completam-se, pois onde se encontra a identidade, a relevância se faz questionável. E, por outro lado, onde se alcança a relevância, questiona-se a identidade:

> Quanto mais a teologia e a Igreja tentam ser relevantes nos problemas atuais, mais se aprofundam em uma crise de sua própria identidade cristã. Quando mais tentam afirmar sua identidade em dogmas tradicionais, ritos e princípios morais, mais irrelevantes, mais desacreditadas se tornam (ibid., p. 29).

A resposta de Moltmann à situação aporética é: "relevância só sobre a base de uma identidade experimentada e crida" (ibid., p. 37). Assim, põe em destaque o protesto de Moltmann em favor de uma relevância a partir da identidade e em favor de uma identidade com relevância. Ante a crise de relevância e de identidade da vida cristã no mundo, Jürgen Moltmann situa a cruz de Cristo como fundamento da fé, "a teologia cristã encontra sua identidade como tal na cruz de Cristo" (ibid., p. 44).

Tal identidade cristã é compreendida como ato de identificação com o Cristo crucificado, à medida que a mensagem que chega à pessoa diz que Deus se identificou em Jesus com os ímpios e com os abandonados, grupo ao qual ele pertence. Em Jesus crucificado, Deus se identifica com os sem Deus e com os abandonados de Deus; e esses se tornam sinais de Deus. Assim:

Se este duplo evento de identificação é o processo do qual surge a identidade cristã, então fica claro que não se deve ligar a identidade da fé cristã à própria fé e nem se pode protegê-la da perda por meio de fórmulas doutrinárias exatas, rituais repetitivos e modelos de comportamentos morais exatos (ibid., p. 38).

A perda da fé e da identidade corresponde exatamente à perda da fé e identidade em Cristo por meio da mesquinhez da fé e do medo; por querer se conservar e buscar seguranças e garantias soltando a mão daquele que prometeu segurá-la e, assim, condenando-se à própria manipulação. "Ela quer proteger seus 'mais sagrados bens', a saber, Deus, Cristo, as doutrinas de fé e a moral, por acreditar que eles não são suficientemente poderosos para se sustentarem" (ibid., p. 38).

Para Moltmann, "hoje, cristãos, Igrejas e teologias com o *pathos* da verdadeira fé, da sã doutrina e da moral cristã estão em perigo de serem tomados por esta fé mesquinha" (ibid., p. 39). Diante de tal perigo, o autor propõe que "a evangelização deveria levar a crise de relevância ao engajamento nos problemas políticos e sociais da sociedade (ibid., p. 41). Não pode haver dicotomia entre evangelização e humanização, conversão interior e mudança das relações sociais.

Nesse sentido, a identidade e a relevância da fé parecem estar em relação inversa: quando se quer salvar a identidade da fé cristã, acaba-se em gueto e conservadorismo, e a fé perde sua relevância; quando o que preocupa é a relevância da fé, termina-se na incredulidade dos diversos grupos cristãos que lutam pela libertação do homem que, ao se assimilar aos movimentos de libertação, perde a identidade cristã. É, portanto, tarefa da teologia cristã realizar a síntese de identidade e relevância: relevância por meio da identidade (ibid., p. 50).

Essa síntese identidade-relevância se funda na cruz de Cristo: "A Igreja e a teologia cristã só serão relevantes para os problemas do mundo moderno quando manifestarem o 'cerne duro' de sua identidade no Cristo crucificado e por meio dele sejam questionadas" (ibid., p. 19). A cruz torna-se critério decisivo tanto para a teologia quanto para o Cristianismo. "É fundamental que a Igreja e a teologia reflitam sobre o Cristo crucificado para mostrar ao mundo a sua liberdade, se elas quiserem ser o que elas afirmam ser: a Igreja de Cristo e a teologia cristã" (ibid., p. 17).

A cruz produz escândalo e, por causar escândalos, foi, muitas vezes, esquecida e adornada. Assim, o singular, o especial, o escandaloso, foram reprimidos e anulados: "À medida que a Igreja do Crucificado tornava-se a religião predominante e se ajustava à satisfação das necessidades públicas e privadas desta sociedade, mais ela se afastava da cruz, dourando-a com esperanças e ideias de salvação" (ibid., p. 63). A cruz ganhou significado somente na esfera do processo de salvação individual, da fé individual e da teoria individual a respeito da realidade. Perdeu, desse modo, seu caráter de contingência inexplicável.

A crise da Igreja, de acordo com Moltmann, é "crise de sua própria existência como Igreja de Cristo crucificado", ou seja, "crise cristológica", isto é, "a crise da Igreja na sociedade contemporânea não é apenas uma crise de sua adequação ou isolamento, mas é uma crise de sua própria existência como Igreja do Cristo crucificado" (ibid., p. 63).

Assim, Moltmann questiona a relevância e a identidade da fé cristã como fundamento e centro dela mesma: "o próprio Cristo crucificado é o desafio da teologia cristã e da Igreja que ousa tomar o seu nome para si" (ibid., p. 19). Nessa crise de identidade do Cristianismo está latente o problema de Deus: quem é, de fato, Deus (identidade) ou como falar de Deus depois de Auschwitz (relevância)? São pontos tratados sem profundidade exegética e histórica que, segundo Moltmann, motivaram muitos a abandonarem a Igreja em busca de ideologias e métodos que se identificassem mais claramente com a luta por um mundo mais justo e mais fraterno. Uma "teologia depois de Auschwitz" só pode ser uma "teologia em Auschwitz", teologia que tome a sério que Deus participa dos sofrimentos do mundo e que está presente neles.

Com suporte na cruz de Cristo, Moltmann reflete sobre o "ser" de Deus. Nesse diapasão, Deus se revela impotente e débil no mundo; e, ainda assim, impotência e debilidade nos ajudam e nos salvam: "Deus é impotente e fraco no mundo, e exatamente assim, somente assim, ele está conosco e nos ajuda" (BONHOEFFER, 2003, p. 487). O autor mostra a revelação do mistério incompreensível de Deus, na proximidade e solidariedade com o mundo, desde a perspectiva da cruz do Filho, especialmente com as vítimas da dor, violência e injustiças.

Assim, propõe ir, desde a cruz, além dos limites da doutrina de salvação e perguntar pela revolução vindoura no conceito de Deus. Isso porque, sem a revolução no conceito de Deus, jamais haverá uma fé revolucionária. Sem novas claridades na fé cristã, não existirá credibilidade na vida cristã. Muitos conceitos acerca de Deus seriam definidos como verdadeiras imagens idolátricas, ou seja, Deus criado como projeção dos próprios anseios e desejos da criatura. Com o conceito deturpado de Deus, emerge, inevitavelmente, a crise da cristologia, que leva a perguntar: Quem é Jesus Cristo? (identidade) e que tipo de Deus ele revela?

Outro aspecto preliminar a Moltmann, relativamente à *Teologia da cruz*, diz respeito à Igreja. À luz da cruz, a Igreja deve reavaliar constantemente sua teologia e sua práxis. A crítica da Igreja deve converter-se em crítica à sociedade e vice-versa. Ao não colocar a cruz no centro do Cristianismo, a Igreja procura encontrar a identidade nos ritos, dogmas e tradições. O autor propõe em sua teologia que a cruz seja critério definitivo de "cristicidade" tanto da teologia quanto da Igreja. Não busca, no entanto, elaborar uma teologia abstrata da cruz, senão uma teologia do Crucificado.

Nesse sentido, a obra *Teologia da cruz* é uma teoria crítico-libertadora de Deus e do ser humano; não uma teologia abstrata da cruz e do sofrimento, mas uma teologia do Crucificado, que vai além da preocupação pela salvação pessoal e compromete com a libertação do ser humano do círculo vicioso na sociedade.

Concluindo, Moltmann destaca alguns elementos importantes pelos quais retomou a teologia da cruz:

> Retomar a teologia da cruz hoje significa evitar a parcialidade da tradição e compreender o Crucificado à luz e no contexto da sua ressurreição e consequentemente da liberdade e esperança.
> Retomar a teologia da cruz hoje implica ir além dos limites da doutrina de salvação e perguntar pela revolução vindoura no conceito de Deus. Quem é Deus na cruz do Cristo abandonado por Deus?

Continuar com a teologia da cruz significa ir além da preocupação pela salvação pessoal e inquirir sobre a libertação do ser humano e sua postura em relação à realidade do círculo em sua sociedade. Por fim, trata-se da fundamentação da teologia e da Igreja em Cristo [...] Ou o Jesus abandonado é o fim de toda teologia, ou é o princípio de uma específica teologia e existência cristã e, portanto, crítica e libertadora. Quanto mais a "cruz da realidade" for levada a sério, mais o Crucificado torna-se o critério da teologia. Não se trata de uma teologia abstrata da cruz e do sofrimento, mas de uma teologia do Crucificado (MOLTMANN, 2014, p. 20-21).

Portanto, a teologia da cruz não é um capítulo da teologia, e sim o distintivo de toda teologia cristã. É o centro de perspectiva de todos os enunciados teológicos: "A teologia cristã encontra sua identidade como tal na cruz de Cristo" (ibid., p. 44).

Depois do caminho percorrido até aqui, é importante mostrar o itinerário realizado com as conclusões a que chegamos. O pensamento do autor nasce de uma experiência pascal de 1945 e 1948, e é filha da Shoá, o holocausto nazista, genocídio entre tantos de que a história da humanidade tem notícias e que mostrou a dimensão mais obscura e terrível da existência humana. Campo de concentração de Auschwitz de ontem, o litoral da Turquia de hoje – um verdadeiro cemitério de esperanças, no qual são sepultados incontáveis migrantes em busca de vida e paz. São cenários devastadores, principalmente os que revelam a face mais sóbria de Deus ante o escárnio do mal, e que não podem permanecer indiferentes à fé cristã; tragédia que Moltmann viu de perto, chegando mesmo a sofrer suas consequências. Sua teologia emerge dessa experiência dolorosa. É uma teologia encarnada, forte na fé e rica em amor e esperança.

É uma teologia iluminada pela reflexão de Lutero sobre o Deus abscôndito na cruz, que é reconhecido na humildade e na debilidade, identificado pelo teólogo da cruz não em seu poder, mas no sofrimento e na fraqueza.

Ao aprofundar a reflexão de Lutero, Moltmann propõe a cruz de Cristo como critério de verdade para a teologia cristã e faz dela o centro e fundamento de tudo o que se pode pensar e dizer sobre Deus. A cruz se torna critério decisivo para a identidade e a relevância da fé cristã.

E assim nasce sua obra mestra, *O Deus crucificado*, cuja proposta central é apresentar o Deus que sofre na cruz e experimenta a morte; o Deus da esperança que em Cristo se revelou como o Deus crucificado; a cruz que revela a identidade de Deus e o sofrimento solidário com seu Filho e com todos os que sofrem no mundo. São esses os temas refletidos no próximo capítulo.

Capítulo 2

Deus e o sofrimento, na obra *O Deus crucificado*

A reflexão sobre a paixão de Deus ocupa lugar de destaque no pensamento de Moltmann. Inequivocamente, ele é, dentre os teólogos modernos, quem mais ousou na reflexão sobre o sofrimento de Deus, ao ressignificar o tema do sofrimento e inseri-lo no interior da Trindade pela paixão do Filho. Sua reflexão cristológica, sobretudo no que se refere à cruz de Cristo e suas implicações trinitárias, caracteriza-se pela novidade e profundidade, comparativamente às demais leituras. Ele aprofunda, por assim dizer, o mistério trinitário a partir da cruz de Cristo, já que a "partir da cruz de Jesus se determina o que se entende por Deus" (MOLTMANN, 2014, p. 254).

A cruz é inserida no ser de Deus e o ser de Deus na cruz. Assim, procura-se compreender se Deus sofre, como se dá esse sofrimento na paixão e morte do seu Filho e de que modo ele participa do sofrimento humano. A teologia da cruz, de Jürgen Moltmann, está explicitada, de maneira especial, em sua *opus magnum*, *O Deus crucificado*.

O livro contém uma reflexão que abre as portas para interpretar o mistério de Deus ao ouvir o clamor e o abandono de Cristo na cruz. Tudo o que a teologia cristã diz sobre "Deus" se fundamenta no evento Cristo. O centro e ponto crucial da história humano-divina é a cruz do Deus feito homem no calvário. Aquele que foi crucificado não era apenas o mais justo dos homens; era o Filho de Deus. Jesus crucificado é a imagem do Deus invisível. O evento de Cristo na cruz é o evento de Deus. Assim, a morte de Jesus pertence à autoproclamação de Deus.

No contexto temático desta obra, a saber, Deus e o sofrimento humano, escolhemos como embasamento teórico de nossa pesquisa o pensamento do teólogo Jürgen Moltmann, que trata desse tema, especificamente, na obra *O Deus crucificado*, além de outras literaturas do autor, em que aprofunda os assuntos abordados na obra. Sobre *O Deus crucificado*, em particular, dedicamos este capítulo.

No primeiro momento, fazemos uma contextualização histórica e teórica da obra: sua gestação e repercussão na sua vida e em sua reflexão teológica posterior. E, nessa perspectiva, apresentamos uma visão global do conteúdo do livro.

Em seguida, destacamos pontos interligados que constituem o núcleo-síntese de toda a reflexão do livro: Deus é capaz ou incapaz de sofrer? A divindade, em sua essência, é apática, como esclareceu Aristóteles em sua metafísica, ou Deus, em sua essência e ser, é amor e misericórdia? Por quem morreu Cristo? O que significa a morte de Cristo para o próprio Deus?

Por último, partindo do sofrimento e da dor de Cristo, vamos chegar ao sofrimento e à dor em Deus, pois, se em "Cristo

Deus estava reconciliando o mundo consigo" (2Cor 5,19), então, na cruz de Jesus, Deus se representa, revela-se, identifica-se e define-se.

1. A obra *O Deus crucificado*

Nesse seguimento, procuramos nos aproximar da obra-mestra de Moltmann. Faremos uma contextualização histórico-teórica e ofereceremos uma visão geral dela, particularmente no que diz respeito ao envolvimento do mistério de Deus.

1.1 Contextualização histórico-teórica

A obra de Moltmann, *O Deus crucificado*, foi publicada numa Sexta-feira Santa de 1972 e teve grande repercussão, suscitando ainda hoje um apaixonado debate teológico. É um dos clássicos da teologia da segunda metade do século XX. Apesar dos anos, continua surpreendendo, iluminando e provocando debates.

As primeiras reações falavam de "livro inesperado" e de "salto mortal". Se, em *Teologia da esperança*, o teólogo dialogava com a chamada "filosofia da esperança", de Ernst Bloch – cuja reflexão era voltada para o futuro, para a revitalização da esperança cristã –, em *O Deus crucificado*, estava em diálogo com a dialética negativa da teoria crítica da sociedade e com a teologia hebraica do holocausto, isto é, com as modernas tematizações do sofrimento do mundo.

Essa observação crítica parece ter sido prevista por Moltmann, pois, no prefácio, intitulado "Para compreender o tema", exprime o motivo pelo qual mudara da "teologia da esperança" para a "teologia da cruz", sobretudo para aqueles que erroneamente acreditavam ser isso um retrocesso em seu pensar:

> Verdadeira teologia cristã é aquela que se faz diante do Crucificado. E o que aqui não se sustenta, está destinado a desaparecer da reflexão teológica. Portanto, a teologia da cruz é o outro lado da teologia da esperança, se esta chega ao cerne na ressurreição do Crucificado. A teologia da cruz de modo algum "retrocede", antes quer tornar a teologia da esperança muito mais concreta, além de ligar suas visões mobilizadoras às necessárias atitudes de resistências (id., 2012, p. 21).

Tratava-se, definitivamente, de um aprofundamento da esperança cristã que se funda sobre a ressurreição de Cristo, mas que não pode deixar de se referir à cruz, pois, quanto mais a "cruz da realidade" for levada a sério, mais o Crucificado se torna o critério da teologia. Não tem a ver com teologia abstrata da cruz e do sofrimento, mas com uma teologia do Crucificado crivada no sofrimento de tantos crucificados de ontem e hoje.

Assim, a compreensão dialética da morte e ressurreição de Cristo aparece tanto na *Teologia da esperança* como em *O Deus crucificado*, uma vez que não é possível uma "teologia da esperança" que não esteja perpassada pela cruz e o sofrimento; tampouco uma "teologia da cruz" que não esteja prenhe da esperança que ilumina a ressurreição.

Nesse sentido, a cruz de Cristo, para Moltmann, é entendida como resposta ao problema da teodiceia, interpretada com suporte nos temas amor, sofrimento e solidariedade de Deus no sofrimento da criação e dos homens. Em um mundo de crucificados, a cruz sempre atrairá para perto de si todos os crucificados que encontram, no Crucificado-Ressuscitado, a força e a resistência a todas as modalidades de morte e de injustiça.

Moltmann reconhece que não foi o primeiro nem o único teólogo que se deixou fascinar pelo mistério de um Deus crucificado. A expressão que dá o título à obra já aparecia em Tertuliano, na luta contra o gnosticismo. O autor africano do século II já destacava a dimensão provocadora e escandalosa do Cristianismo. Para Tertuliano, em Cristo encontramos o assombro de Deus, o impensável, o aparentemente indigno dele, o que parece negar sua realidade e dignidade divinas: um Deus que nasce, um Deus crucificado, um Deus em morte:

> Hay otras locuras tan locas, pertenecientes a los ultrajes y sufrimientos de Dios. A no ser que llamemos sabiduria a um Dios crucificado! Suprime también esto, Marción! Qué hay más indigno de Dios, de qué tenemos que avergonzarmos más: de que nazca o de que muera? De que porte la carne o la cruz? Pero responde me ya, asesino de la verdad, de verdad Dios no há muerto ni há sido crucificado? (apud CORDOVILLA, 2014, p. 172).

Como vimos no capítulo anterior, a teologia reformada utilizou a expressão em um sentido que poderíamos chamar pastoral e espiritual. Lutero não a utilizou de modo explícito, porém, em seus escritos, ao acentuar o escândalo e o paradoxo da cruz como chave de interpretação de toda teologia para pensar o ser de Deus (*Deus absconditus*), fez com que essa expressão fizesse parte da experiência religiosa e, posteriormente, da especulação filosófica e teológica. Moltmann reconhece que:

Naturalmente eu não fui o primeiro e nem o único que tomou para si, como inspiração, a teologia da cruz no século XX. Em 1949 o teólogo japonês Kazoh Kitamori publicou seu livro *A dor de Deus*. Em 1951 as cartas de Dietrich Bonhoeffer, escritas na prisão ("Resistência e submissão"), foram publicadas. "Somente o Deus sofredor pode ajudar", escreveu ele e, com isso convocava: "Cristãos se coloquem ao lado de Deus no sofrimento (MOLTMANN, 2012, p. 14).

Moltmann acolhe o convite de Bonhoeffer a converter-se ao Deus da Escritura e rechaça a imagem de Deus ligada à metafísica ocidental que prima pelo atributo da onipotência, entendida em termos de poder, segundo os modelos das estruturas mundanas; convite a voltar ao Deus da cruz e do sofrimento, ao Deus impotente e débil no mundo, cuja debilidade e impotência ajudam e salvam.

O Deus crucificado "foi um livro controvertido, no melhor sentido da palavra" (id., 2014, p. 21). Animou pessoas a pensarem por si mesmas sobre o sofrimento e acerca de Cristo crucificado. Após sua publicação, Moltmann recebe o apoio de grandes teólogos, entre eles os teólogos anglicanos Keeth Woolcombre e Richard Bauckham, além dos teólogos da libertação Jon Sobrino e Leonardo Boff, bem como do teólogo ortodoxo romeno Dumitru Staniloa, que encontra na teologia da cruz de Moltmann uma interpretação para aprofundar sua reflexão sobre a misericórdia divina.

Muito mais importante do que as discussões teológicas que o livro favoreceu, contudo, foi o consolo de ter alimentado a certeza de que o Deus crucificado está identificado com os povos crucificados. Este fato é concretizado nas cartas recebidas, pelo autor, de pessoas que se encontravam em cárceres e hospitais ou que pertenciam a comunidades de base dos subúrbios das grandes cidades; pessoas que viviam à "sombra da cruz" ou na "noite escura da alma" que encontraram, na leitura do livro, consolo pessoal, pois, ao clamar a Deus em seu sofrimento, encontravam-no sofrendo a seu lado.

Um fato que o deixara extremamente sensibilizado foi relatado numa carta que recebera de Robert McAfee Brown, em 1990, na qual era narrado o assassinato de 6 jesuítas em El Salvador, em 16 de novembro de 1987. Na carta, Robert McAffe narra:

> Quando os assassinos arrastaram alguns corpos para dentro do prédio, eles jogaram Ramon Morno dentro da sala de Jon Sobrino. Esbarraram em uma estante e um livro caiu. Livro esse que foi embebido pelo sangue do mártir. Na manhã seguinte, descobriram que o livro era *O Deus crucificado* (ibid., p. 13).

Dois anos depois, Moltmann vai a El Salvador e visita o local, onde encontra o livro na vitrine como sinal e símbolo do que verdadeiramente sucedeu naquele lugar.

No livro, o autor evoca o tema da cruz como uma espécie de chave hermenêutica para uma leitura das catástrofes do século XX, que ele mesmo presenciou e sofreu. Como vimos no início deste livro, a experiência nos campos de concentração marca a vida e a reflexão de Moltmann. A pergunta sobre a presença de Deus em meio a tanto sofrimento encontra uma resposta na presença de Deus no sofrimento do próprio Filho:

> Para mim, o extermínio do qual eu de um jeito ou de outro fui testemunha, estendeu-se não somente sobre as pessoas, as vítimas

ou os algozes, mas também chegou até o mais íntimo da divindade. Eu pessoalmente mergulhei fundo, quando na prisão, nas mãos de Deus. A noite escura das trevas divinas está na minha alma. Dessa necessidade o Cristo crucificado me deixou livre: quando de sua súplica registrada no Evangelho de Marcos: "Meu Deus, por que me abandonaste?". Então tomei conhecimento de que ali estava alguém que podia te entender. Ali estava alguém que, em sua ressurreição, te leva consigo para a vida verdadeira. O Crucificado de Deus que experimentou as trevas divinas para a minha redenção (ibid., p. 14).

Moltmann reconhece que o livro foi fruto da sua luta pessoal com Deus no sofrimento: "Este livro é parte da minha luta com Deus, no sofrimento, sob o lado escuro de Deus, que se mostra na ausência de Deus e no abandono por Deus das vítimas que na história humana sofrem injustiça e violência" (ibid., 2008, p. 40).

Concorda com os que afirmam ser o livro uma teologia "depois de Auschwitz". Foi o intento de falar a Deus, de confiar em Deus e de falar sobre ele diante da sombra de Auschwitz e perante a imagem das vítimas de seu povo, comparando a questão de Deus ao grito das vítimas. É um livro sobre a fé em Deus depois da cruz de Cristo. É, porém, uma obra sobre a fé em Deus após o Gólgota. Segundo Moltmann, "o que ousamos dizer de Deus após Auschwitz depende muito daquilo que podemos dizer de Deus após a crucifixão do seu Filho, escutando o grito de desamparo de Jesus na cruz" (id., 2007, p. 81).

O que dissermos de Deus depende da seriedade que dermos ao grito de morte de Jesus: "Meu Deus, por que me abandonaste?". O livro pode ser entendido como "interpretação teológica e discussão com este grito de morte, com cujas palavras nos lábios tantas vítimas morreram" (id., 2004, p. 41).

Revela empatia com o sofrimento e foi, por assim dizer, "escrito com sangue". Será, entre todos os livros, aquele que mais o aproximou da América Latina, pois a cruz retrata a história trágica de tantos sofrimentos corporificados no absurdo de tantos assassinatos e mortes que acontecem no dia a dia deste sofrido continente: "Este livro me mantém estreitamente ligado ao povo latino-americano" (ibid., p. 13).

Há, por assim dizer, razões biográficas aludidas por Moltmann, em face de seu interesse pela teologia. A cruz esteve no centro do pensamento: a experiência com os prisioneiros de guerra que regressavam aos seus púlpitos das aulas teológicas não podia senão lhe orientar nessa direção. Escreve ainda que "retornar hoje à teologia da cruz significa superar limites da doutrina soteriológica e interrogar-se sobre a revolução que se opera no conceito de Deus: quem é Deus na cruz do Cristo abandonado por Deus?" (id., 2014, p. 13).

O grito de agonia de Jesus na cruz é, para Moltmann, a "ferida aberta" de qualquer teologia cristã. E, assim, o discurso da cruz se torna a resposta cristã à eterna questão do sofrimento no que ele tem de incompreensível, principalmente o sofrimento do inocente. Trata-se, igualmente, de um discurso que busca nova compreensão da cruz por não se contentar com a forma como esta era apresentada, muitas vezes, marcada com o sacrifício pelo pecado, num tom de remissão, mas não de esperança.

Como método dialético, a teologia da cruz mostra um Deus diferente: impotente, abandonado, amaldiçoado junto aos deserdados da história. Assim, a experiência da dor do mundo provoca outros modos de entender a cruz que dão sentido ao "sem sentido", iluminando-o pela cruz de Cristo como comunhão na dor.

Ao refletir sobre o "ser de Deus" com procedência na cruz de Cristo, onde ele se mostra impotente e débil no mundo, e cuja impotência e debilidade nos fortalecem e nos salvam, Moltmann expõe uma nova reflexão sobre o mistério incompreensível de Deus em proximidade e solidariedade com o mundo, especialmente com as vítimas da dor, da violência e da injustiça.

1.2 Conteúdo da obra

Tendo feito uma contextualização histórico-teórica da obra, apresentaremos agora uma visão geral de sua estrutura e de seu conteúdo. Ela está dividida em oito capítulos. O primeiro trata da identidade e da relevância da fé cristã. Em razão da crise de identidade e da relevância na vida cristã no mundo, procura dar resposta a essa crise. Situa a cruz de Cristo como fundamento da fé e pedra de escândalo para todo aquele que procura saída para essa crise.

Na cruz se encontra a identidade cristã, pois põe às claras nossos modelos e concepções de homem, de Deus e da sociedade. O princípio epistemológico da teologia da cruz só pode ser esse princípio dialético: a divindade de Deus que se manifesta no paradoxo da cruz, onde o conhecimento dialético de Deus, no seu contrário, traz o céu para os que se sentem abandonados por Deus.

O segundo capítulo relata a resistência da cruz contra suas interpelações. O ambiente religioso e humanista do Cristianismo desprezou a cruz desde o princípio, pois esse Cristo desumanizado, apresentado na cruz, contradizia todos os conceitos de Deus, do homem e do divino. À medida que a Igreja do crucificado se tornava a religião predominante e se ajustava às necessidades públicas dessa sociedade, mais se afastava da cruz, dourando-a com esperanças e ideias de salvação. A cruz de Cristo é mostrada como uma "ferida aberta" da teologia cristã; uma realidade singular e única, irredutível, a ser compreendida num culto, numa mística, ou uma teologia que, de uma maneira ou de outra, procure suprimir seu escândalo, embelezando-a e escondendo toda a sua dimensão de compromisso e protesto.

O terceiro capítulo relata as questões sobre Jesus. Duas perguntas fundantes se destacam: Jesus é o Deus verdadeiro? Jesus é verdadeiro homem? Assim, o autor reconhece que a primeira tarefa da cristologia é a verificação crítica da fé cristã na sua origem em Jesus e na sua história. A segunda é a verificação crítica da fé cristã em suas consequências para o presente e o futuro; uma hermenêutica da origem e uma hermenêutica dos efeitos e das consequências.

O quarto capítulo retrata o processo histórico de Jesus. Busca compreender a morte de Jesus, desde o contexto de sua vida e atuação. O autor situa a morte de Jesus no caminho até a cruz. Analisa o processo de Jesus que foi condenado como blasfemo, revolucionário e abandonado por Deus, sua morte como consequência de sua vida, a morte como fim aparente de sua causa e o aparente fracasso de sua mensagem.

O quinto capítulo cuida do processo escatológico de Jesus Cristo. Procura compreender sua morte e sua vida no contexto de sua ressurreição dos mortos e da fé escatológica. A ressurreição não esvazia a cruz, mas a preenche de significação escatológica e soteriológica. Busca-se uma compreensão dialética da cruz e da ressurreição, em que o mistério da cruz é integrado ao mistério da ressurreição, qualificando-o. O Ressuscitado é o Crucificado e o Crucificado é o Ressuscitado. A glória de Deus se manifesta no Jesus crucificado em fragilidade e vergonha.

O centro do livro *O Deus crucificado* está no capítulo 6, que, sintomaticamente, se intitula também "O Deus crucificado". Há uma reflexão sistemática sobre as consequências da teologia do Crucificado no conceito de Deus. O Deus de Jesus não é o deus filosófico, que não pode sofrer, apático; antes, é um Deus implicado na história e na dor, porque é um Deus que ama com amor misericordioso, que é capaz de sofrer. Assim, desenvolve uma teologia buscando compreender a essência de Deus, ao ouvir o clamor e ver a morte de Jesus na cruz. Apenas refletindo sobre o que acontece entre o Crucificado e "seu" Deus, pode-se deduzir o que este Deus significa para os desamparados desta terra. O autor se propõe a mostrar Deus na cruz de Cristo e nos lugares onde os homens sofrem solidão, injustiça e morte.

O sétimo capítulo reporta-se ao caminho para a libertação psíquica do homem. Reflete sobre as consequências do Deus crucificado na ciência antropológica – de modo especial, com a psicanálise, de Sigmund Freud –, que se preocupa com a terapia do homem enfermo. Consta também uma hermenêutica psicológica da palavra da cruz, do espírito da liberdade e da história de Deus, em que se descobrem pontos de correspondências entre a dialética teológica, o fenômeno patológico e os processos terapêuticos. O autor destaca os itens do diálogo teológico-psicanalítico, a lei do recalque, a lei do parricida, o princípio da ilusão.

O oitavo capítulo retrata os caminhos para a libertação política da humanidade. É uma hermenêutica política que reflete a situação de Deus na situação desumana dos homens, a fim de romper com as relações hierárquicas que as privam da autodeterminação e de ajudar a desenvolver sua humanidade.

Com a obra *O Deus crucificado*, a fé obtém substância em suas encarnações políticas, não uma redução da teologia da cruz a uma ideologia política, mas uma interpretação dela no discurso político. Assim, os temas religião/política, teologia/política e as transformações de Deus nas libertações do homem são refletidos nesse capítulo.

Em decorrência dessa visão geral do conteúdo do livro, cabe-nos perguntar: Quais os temas mais importantes contidos na obra? E como eles nos ajudarão no aprofundamento do assunto proposto neste livro? Na reflexão seguinte, tentaremos oferecer e aprofundar uma possível resposta.

2. Temas centrais da obra *O Deus crucificado*

De acordo com Moltmann, três temas básicos se destacam no livro. O primeiro é saber se Deus é capaz de sofrer. O segundo versa sobre a Paixão de Cristo e o sofrimento de Deus. E o terceiro aborda a teologia trinitária da cruz. Assumindo a ideia de que, para falar de Deus, é preciso começar pela cristologia, e, para falar de Deus com base em Jesus, é preciso escutar o grito de morte de Jesus na cruz, vamos iniciar nossa reflexão com os sofrimentos e a dor em Jesus Cristo. Em seguida, analisaremos a dor em Deus Pai, respondendo à pergunta sobre se Deus é capaz de sofrer. Por fim, refletiremos sobre a teologia trinitária da cruz em Moltmann.

2.1 O sofrimento e a dor em Jesus Cristo

O sofrimento humano "era um problema capital na religiosidade de Israel". (SCHILLEBEECKX, 1982, p. 658). Já em continuidade com o AT, encontramos no NT uma curiosa insistência no tema da dor e do sofrimento. O Dicionário Bíblico de Bauer afirma que no NT o "sofrimento tem ainda mais importância que para o Judaísmo: quase todos os livros do NT falam da dor em numerosas passagens". Paradoxalmente, constatamos que Jesus, de fato, fala muito pouco da dor, não formula teorias sobre ela, não se estende em conselhos para combatê-la e, menos ainda, se refere à sua dor, a dor pessoal.

Jesus de Nazaré não só contemplou, mas também experimentou e se estremeceu diante do sofrimento dos homens. O cume dessa vida familiarizada com o sofrimento se alcança na paixão. O Deus crucificado da teologia moltmanniana revela sua verdadeira identidade na paixão do Filho.

Assim, Moltmann proclama que a teologia cristã surge depois de ter escutado o grito de abandono de Jesus na hora da morte. A contemplação do Crucificado, com base na própria experiência pessoal, cuja doutrina é precedida pela experiência de sofrimento, leva-o a elaborar uma teoria sobre o modo de falar de Deus crucificado e revelar o sentido da própria paixão. O problema de Deus surge no mais profundo do ser humano, desde a dor pela injustiça no mundo e pelo desamparo no sofrimento. Para o autor, há correlação entre os sofrimentos do mundo e os sofrimentos divinos, visto que, nos instantes de mais profunda revelação de Deus, há sempre um sofrimento:

> Quanto mais se entende a experiência de Deus, tanto mais profundamente se revela a ele o mistério da paixão de Deus. Reconhecerá então na história do mundo a história divina. Nos instantes de mais profunda revelação de Deus, há sempre um sofrimento: o clamor dos cativos do Egito, o grito de Jesus na cruz, os suspiros por liberdade de toda a criação oprimida. Se o homem sentir a paixão infinita do amor de Deus, que aí se manifesta, então perceberá o mistério de Deus uno e trino. (MOLTMANN, 2011, p. 20).

Ao tratar da paixão de Cristo, afirma que, no "ponto central da fé cristã está o sofrimento de Cristo apaixonado" (id., 1996, p. 34). A história de Cristo é a história de uma grande paixão, de uma esperança apaixonada, de uma dedicação a Deus e seu Reino que chega a ser também a história de uma paixão inaudita, mortal.

No centro da fé cristã está a paixão de Cristo apaixonado; paixão como grande desejo, como grande amor, como sofrimento até a morte. Esses são os aspectos inseparáveis da cruz de Jesus. Moltmann, citando M. Kahler, declara a cruz de Cristo como a origem da cristologia: "Sem a cruz não há cristologia e na cristologia não há característica que não tenha sua justificativa na cruz" (id., 2014, p. 148).

Portanto, a base da cristologia que pretende ser cristã é o escândalo e a loucura da cruz de Cristo, cujo núcleo central da mensagem teológica da tradição cristã é a história da paixão de Cristo: "No centro da fé cristã encontra-se a história de Cristo.

No centro da história de Cristo encontra-se sua paixão e morte na cruz" (id., 2009, p. 235).

Sem a cruz de Cristo não se pode fazer cristologia, e é na cruz que nada fica sem justificação. Moltmann não pretende reduzir a cristologia, tampouco a teologia, ao tema da cruz. A preocupação teológica é chamar a atenção para sua amplitude, pois há um critério inerente a toda teologia e a toda Igreja que se afirma cristã, e esse critério transcende toda crítica política, ideológica e psicológica de fora. Esse critério é o próprio Cristo crucificado. "O próprio Crucificado é o desafio da teologia cristã e da Igreja que ousa tomar o seu nome para si" (id., 2014, p. 19). Na "religião da cruz", é esclarecida a contradição de uma Igreja que se tornou dominante na sociedade e adaptou sua mensagem para satisfazer as necessidades pessoais e públicas, afastando-se do Crucificado.

O autor chama a atenção para o fato de que a cruz de Cristo tem sido equivocadamente interpretada como indicativo do abandono puro e simples de Deus ao Filho. Inclusive, em ambientes mais secularizados, é vista criticamente como motivadora da religiosidade pautada pela necessidade de sacrifício e sofrimento. Há deturpação da imagem de Deus, na qual esse Deus é visto como entidade sádica que precisa do sofrimento para apaziguar o ânimo para com a humanidade pecadora.

Diferente de tal concepção, a reflexão de Moltmann mostra a cruz de Cristo como expressão do solidário sofrimento de Deus com seu Filho e com todos os que sofrem no mundo. Contrariamente, ele não faz apologia ao sofrimento, mas olha para o Cristo sofrido na esperança e na luz que brota de sua ressurreição.

Nesse sentido, quanto mais a "cruz da realidade" for levada a sério, mais o Crucificado se torna o critério da teologia. Não se trata de teologia abstrata da cruz e do sofrimento, mas de uma teologia do Crucificado. O Crucificado compreendido à luz e no contexto da ressurreição e, consequentemente, da liberdade e esperança. Morte e ressurreição configuram duas dimensões inseparáveis do Mistério Pascal, compondo, assim, um acontecimento culminante e definitivo da história de Jesus de Nazaré como Palavra viva de Deus.

Desse modo, o Crucificado se converte em lugar histórico da definição e da identificação do mistério de Deus entregue à humanidade, tornando-se a chave para os mistérios divinos da teologia cristã. Sob essa perspectiva, a fé cristã é cristã, e só tem razão de ser se confessa Jesus de Nazaré como o "crucificado sob Pôncio Pilatos", o Messias de Israel.

A verdade que a fé sempre professou é que o Jesus terreno, que atuou na Palestina, no tempo do imperador Tibério, foi crucificado sob Pôncio Pilatos, sendo reconhecido como Cristo ressuscitado e assim proclamado pela comunidade.

A pergunta retrospectiva sobre quem foi Jesus só tem sentido porque a comunidade reconheceu o Ressuscitado como aquele que foi crucificado. O mistério da paixão é parte essencial e decisiva da vida e obra de Jesus. A fé e a doutrina sobre ela estão desenvolvidas no Novo Testamento com grande profundidade e amplitude.

Assim, Moltmann busca a compreensão do Crucificado sob duas vertentes: primeiro à luz da vida e da atuação que o levaram à crucificação. Não faz estudo histórico-crítico, mas aplica-se à tarefa teológica que envolve a atuação e pregação de Jesus, bem como sua morte. O segundo aspecto é a análise da proclamação da ressurreição dentre os mortos à luz da fé escatológica.

Para o autor, no entanto, nenhuma interpretação da morte de Jesus pode "prescindir da sua pessoa e atuação" (ibid., p. 163). Portanto, vida e a morte de Jesus são acessíveis nas fontes unicamente no contexto daquelas interpretações nas quais sua morte tenha sido compreendida e retransmitida, em que as experiências da fé pós-pascal se misturam tanto com as lembranças da história de Jesus.

De acordo com Moltmann, a vida de Jesus está marcada por sofrimentos, não apenas com vistas a seu fim, mas já à luz de sua mensagem messiânica. Em Marcos 8,27-35, Jesus responde à pergunta pelo Messias com o anúncio da paixão e com o chamado ao discipulado para o sofrimento. O próprio Jesus se encontra em comunhão com o Israel sofredor e seus profetas perseguidos. Interpreta o serviço, segundo a figura do servo de Deus, no Deutêro-Isaías, que é entregue por muitos (Is 3,3).

Assim, os "sofrimentos de Cristo" têm também as características dos sofrimentos de Israel, dos povos de Deus neste mundo sem Deus. Os "sofrimentos de Cristo" são parte da história dos sofrimentos de Israel e dos profetas de Deus. Moltmann alarga o tema dos sofrimentos de Cristo, buscando possíveis dimensões universais. Assim, para o teólogo luterano, todo sofrimento experimentado na história é sofrimento apocalíptico, e os sofrimentos apocalípticos estão resumidos nos sofrimentos de Cristo.

Nesse sentido, compreendemos a afirmação, segundo a qual os sofrimentos de Jesus são experimentados por ele em "solidariedade com os outros, em substituição para muitos e em antecipação para a criação sofredora" (ibid., p. 209).

Diante do mistério da paixão, surge a pergunta: Que sentido deu Jesus à sua morte?

2.1.1 Jesus diante de sua morte

Os Evangelhos apresentam a vida de Jesus entre dois polos geográficos significativos: Galileia e Jerusalém. A Galileia faz referência à atividade missionária de Jesus: o anúncio do Reino acompanhado por sinais e milagres, provocando assombro e admiração (Mc 1,27-29; 4,41). Jerusalém faz referência à realização dessa missão no centro religioso do povo de Israel, onde teve que passar pela entrega da vida nas mãos das autoridades judaicas e romanas, chegando à morte na cruz.

Essa proclamação levou a um confronto com os judeus e os romanos. O próprio Jesus nunca buscou a sua morte, mas a sentiu como consequência de sua prática histórica. Sendo discípulo de João Batista, que havia sido assassinado, não deixaria de compreender que, colocando-se no seu seguimento, certamente teria de enfrentar o mesmo fim.

Os textos evangélicos deixam claro que Jesus não foi ingenuamente à morte. Ele a aceitou e a assumiu livremente. Não buscou a morte. Não a procurava nem a quis; teve que aceitá-la. A morte lhe foi imposta por uma conjuntura que se criara. O que Jesus quis foi a pregação e irrupção do Reino, a libertação que isso significa para os homens e a conversão e a aceitação do Pai. Em função dessa mensagem, ele estaria disposto a sacrificar tudo, inclusive a própria vida. "Sua morte não pode ser entendida sem sua vida e sua vida não pode ser compreendida sem aquele para quem ele vive, seu Deus e Pai; e sem aquilo para o que ele vivia, o Evangelho do Reino para os pobres" (ibid., p. 165).

Isso parece estar muito presente nos textos evangélicos que procuram retratar a consciência de Jesus ante a perseguição: "Jerusalém, Jerusalém, você que mata os profetas e apedreja os que lhe foram enviados" (Lc 13,34). Certamente, Jesus compreende a morte à luz da tradição do martírio dos profetas. Ele conhecia o destino de todos os profetas (Mt 23,37; Lc 13,33-34; At 2,23). Isso nos conduz a afirmar que Jesus contou com a possibilidade da morte violenta no contexto da missão pelo Reino e sua relação com o Pai. A morte não foi alheia ao conteúdo de sua mensagem ou ao sentido da missão. Ela é consequência da vida coerente com a missão pelo Reino e com a relação filial ao Pai. Cristo está situado na galeria dos justos e dos profetas injustiçados e assassinados.

A morte de Jesus foi contemplada pelo Novo Testamento com base num tríplice olhar: religioso, político e teológico; perspectivas essas implicadas entre si.

A morte do profeta e do Messias: a morte de Jesus foi vista como a morte do profeta e do Messias. Na perspectiva judaica da época, Jesus morre como blasfemo e como maldito, tal como afirmado em Deuteronômio 21,21-23:

> Quando também em alguém houver pecado, digno do juízo de morte, e for morto, e o pendurares num madeiro, o seu cadáver não permanecerá no madeiro, mas certamente o enterrarás no mesmo dia; porquanto o pendurado é maldito de Deus; assim não contaminarás a tua terra, que o Senhor teu Deus te dá em herança.

E Gálatas 3,13: "Cristo nos resgatou da maldição da lei, fazendo-se maldição por nós; porque está escrito: 'Maldito todo aquele que for pendurado no madeiro'". Morre fora da cidade: "E por isso também Jesus, para santificar o povo pelo seu próprio sangue, *padece fora* da porta" (Hb 13,12). Aparentemente, a morte significa o descrédito de sua pessoa e o fracasso da pretensão profética e messiânica.

A morte do escravo: a morte de Jesus foi compreendida como a morte do escravo. Jesus morreu no contexto do conflito entre autoridades e realezas (Jo 19,36). Sua morte é a morte do escravo crucificado, semelhante aos sete mil escravos que foram crucificados depois da derrota de Espártaco na Via Ápia, no século I a.C., como castigo por insubordinação e luta pela liberdade.

A morte do Filho: sua morte revela mais profundamente a real morte do Filho. Ante Deus, Jesus morre como o Filho abandonado. Jesus se dirige a esse Deus que anteriormente havia invocado como "Abba", expressando seu abandono e solidão pelo momento experimentado. Jesus se volta ao Pai no momento de sua agonia para se colocar inteiramente à sua vontade: "Indo um pouco mais adiante, prostrou-se e orava para que, se possível, fosse afastada dele aquela hora. E dizia: 'Abba, Pai, tudo te é possível. Afasta de mim este cálice; contudo, não seja o que eu quero, mas sim o que tu queres'" (Mc 14,35-36).

Na obra *O Deus crucificado*, Moltmann afirma que: "a causa da morte de Jesus tem a ver com o seu modo de viver, é uma consequência de suas ações. Não nos podemos aproximar do fato da morte de Cristo sem ter em conta o sentido de sua vida" (ibid., p. 165). A unidade entre a consciência que Jesus teve de sua missão e o sentido que deu à própria morte é decisiva para o desenvolvimento posterior da cristologia e da soteriologia.

A morte na cruz não é fato sem fundamentação. Assim anota Moltmann:

> A história de Jesus, que culminou com sua crucificação foi, antes de tudo, uma história teológica determinada pelo embate entre Deus e os deuses, a saber: entre o Deus, a quem Jesus chamava por Pai e os deuses da Lei, tais como os guardiões da lei o compreendiam, e também com os deuses políticos das forças de ocupação romanas (ibid., p. 180).

Aceitou a morte não com impotente resignação e soberano estoicismo, mas como um homem livre que se sobrepõe à dureza da necessidade. Não deixa que lhe tomem a vida. Ele mesmo, livremente, a dá, como a deu durante toda a vida. Em sintonia com Moltmann, o teólogo católico Ch. Duquoc afirma:

> Na realidade, a paixão de Jesus não é separável de sua vida terrestre, de sua palavra. Sua vida, bem como sua ressurreição, dá sentido à sua morte. Jesus não morreu de uma morte qualquer. Ele foi condenado, não por causa de um mal-entendido, mas por sua atitude real, quotidiana, histórica (DUQUOC et al., 1975, p. 38).

A causa da morte de Cristo situa-se no contexto de uma vida e de um conflito que resultaram em uma morte não imposta de fora, por um decreto divino, mas infligida por homens bem determinados; mas "ela só pode ser entendida se olharmos sua morte não apenas na relação de Jesus com judeus e romanos, com a Lei e o poder político, mas na sua relação com seu Deus e Pai, cuja proximidade e graça ele mesmo anunciava" (ibid., p. 189).

Ele não morreu por acidente ou má sorte, mas, segundo a Lei, como alguém "que foi contado entre os ímpios" (Lc 22,37), porque devia ser condenado como blasfemo pelos guardiões da Lei. Por isso, essa morte pode historicamente ser acompanhada e contada (id., 2018, p. 192).

Nesse sentido, Moltmann desenvolve o significado da causalidade histórica do sofrimento e da morte de Jesus à luz da vida humana, judaica e messiânica, dando destaque à contradição entre a pretensa confissão de Jesus como Messias e a experiência de Deus na cruz. O núcleo central da cristologia de Moltmann é Cristo ressuscitado, morto na cruz. É a história da paixão de Cristo traído, torturado e crucificado.

Assim, na reflexão moltmanniana, o ponto central de nossa fé está no acontecimento da paixão de Cristo. É preciso tomar o vocábulo "paixão" na acepção dupla da palavra: a história de Cristo é a história de uma grande paixão, de uma passional consagração a Deus e a seu Reino, de um amor apaixonado que se tornou também a história de uma agonia mortal. Não existe paixão sem sofrimento.

No ponto central da fé cristã está o sofrimento de Cristo "apaixonado e passional" (id., 1996, p. 34). Ele vive sua grande paixão por Deus e pelos homens até padecer o sofrimento e a morte na cruz. Noutras palavras, a história de sua vida e a história da sua paixão formam uma unidade. Toda a vida de Jesus é redentora. A morte é redentora na medida em que está dentro de sua vida, e ele a assumiu como o fez com todas as coisas vindas de Deus.

Ao indagar por que Deus tomou sobre si o sofrimento de Cristo em seu próprio ser, Moltmann responde que é para estar presente junto a nós em nosso sofrimento e desamparo. E, ao contemplar a entrega de Cristo na paixão, ele destaca uma *cristologia da solidariedade*, na qual sua cruz é o sinal de que Deus participa de nossos sofrimentos, pois, "se Deus toma este caminho com Cristo, e Deus está onde está Cristo, então Cristo traz a companhia de Deus às pessoas que estão desprovidas e despojadas de sua identidade" (MOLTMANN; WENDEL, 2007, p. 86).

Cristo assumiu a humilhação e a paixão para poder converter-se no irmão dos humilhados e desamparados e levar-lhes a consolação de Deus. É também uma *cristologia da reconciliação*, na qual, por intermédio de seu sofrimento, seguindo o modelo do servo sofredor de Isaías 53, nos reconcilia com Deus. Em tempos antigos, imaginava-se isso como sacrifício ou pagamento de resgate, trazido por Cristo para redimir as pessoas. Hoje se entende de modo pessoal: "Cristo não morreu por pecadores individuais, mas por nós como pecadores. Ele nos carrega com nossos pecados na medida em que nos carrega com amor. Ele nos solta as amarras com as quais a culpa nos prende ao passado e nos torna livres para o futuro da esperança" (id., 2008, p. 41).

Assim, ao indagarmos sobre a mensagem teológica da tradição cristã, encontramos como núcleo central a história da paixão de Cristo (id., 2014, p. 163). A cruz de Cristo é resumo da pregação. "Não quis outra coisa entre vós senão só Jesus Cristo, o Crucificado" (1Cor 2,2). A paixão de Cristo é o conteúdo da pregação e do culto: "Cristo foi posto diante dos vossos olhos como o crucificado" (Gl 3,1). A liturgia da Igreja era a celebração da sua cruz e da sua glória. Nos cantos mais antigos do culto é celebrada a paixão. Em Filipenses 2,6-11 há testemunho disso:

Ele, embora sendo imagem de Deus, não considerou como extorsão o ser igual a Deus, mas esvaziou-se a si mesmo, tomando a imagem de servo, tornando-se semelhante aos homens, e em aspecto, sendo encontrado como homem, humilhou-se a si mesmo, tornando-se obediente até a morte, morte de cruz. Por isso, Deus o sobre-exaltou e o agraciou com um nome acima de todo nome, para que, ao nome de Jesus, todo joelho se dobre, nos céus, na terra e nos subterrâneos, e toda língua reconheça, para a glória de Deus Pai, que Jesus Cristo é o Senhor.

Já o Apocalipse contempla nas visões a celebração da liturgia celeste do Cordeiro imolado: "O cordeiro que foi imolado e no seu sangue adquiriu para Deus remidos de todos os povos é digno de receber honra, glória e poder para toda a eternidade" (Ap 5,6-14).

Deus, pessoalmente, está envolvido na história da paixão de Cristo, caso contrário, a morte de Cristo não poderia produzir nenhum efeito redentor. Se Deus não é passível de sofrimento, consequentemente, a paixão de Cristo só poderá ser vista como uma tragédia humana. Suscitam-se, portanto, as indagações: De que maneira o próprio Deus está envolvido no relato da paixão de Cristo? Como poderia a fé cristã entender a paixão de Cristo como revelação de Deus, se a divindade não pode sofrer? Até que ponto Deus é afetado pela morte de Jesus na cruz? Estes são alguns pontos sobre os quais refletiremos adiante.

2.1.2 A dor e o abandono na cruz

Para Moltmann, a história do sofrimento de Jesus não começa com sua detenção e tortura por parte dos soldados romanos, mas no momento em que "ele decidiu dirigir-se a Jerusalém" (id., 2011, p. 88). Sua paixão pelo Reino e pelo Deus do Reino, manifestada por meio da pregação, das curas e da proximidade aos pobres e rejeitados, devia defrontar-se em Jerusalém com a contradição dos sacerdotes e com a oposição do poder de ocupação dos romanos. A decisão de Jesus de subir a Jerusalém revela o seu aspecto ativo. Assinala Moltmann: "Não se trata de um padecimento involuntário ou casual, mas sim de uma *passio activa*" (ibid., p. 88).

Moltmann destaca o duplo aspecto da paixão de Cristo: "aspecto exterior e interior" (ibid., p. 88). O aspecto exterior aponta para a relação conflituosa de Jesus com o sistema político-religioso de sua época. Situa-se no plano da rejeição e condenação de Jesus como blasfemo e falso messias por parte das classes dirigentes do seu povo, bem como no plano de sua morte na cruz pelos romanos, por considerá-lo perturbador da ordem mundial romana. Já o aspecto interior da paixão de Jesus acontece no abandono do Filho por parte do Deus que ele chamava de "Abba". Trata-se da história da paixão ocorrente entre o Pai e o Filho, que é atestada pelo autor nos eventos do Getsêmani e do Gólgota.

A história da paixão apaixonada de Jesus começa no Getsêmani. Em distintas ocasiões, os Evangelhos narram que Jesus se retirava a orar de noite para unir-se ao seu Pai. Moltmann destaca que, no Getsêmani, é registrado o momento em que, pela primeira vez, Jesus não quer ficar a sós com o seu Deus e pede abrigo junto aos amigos. Em sua oração, clama ao Pai a quem se dirige como "Abba", e pede que lhe afaste esse cálice (Mc 14,36). Deus silencia e não atende à súplica de Cristo. Moltmann explicita como ele compreende esse sofrimento aludido pelo "cálice": "No meu entender, trata-se da angústia em face da separação do

Pai, do horror em face da 'morte de Deus'. A súplica de Jesus não foi atendida por Deus, seu Pai, mas negada" (ibid., p. 89).

Constata Moltmann que, no Getsêmani, é total a ausência de Deus na sofrida paixão de Jesus (Mc 14,32-42). Chega a afirmar que parece que a comunhão entre o Filho-Cristo e o Pai-Deus se rompe. Apesar da silenciosa ausência de Deus, no entanto, a unidade permanece por um só detalhe: "A união de Cristo com o Deus de seu amor e de sua paixão nesse rompimento da unidade só é mantida por esse 'porém', em que ele supera a si mesmo: porém, não faça a minha vontade, mas a tua" (id., 1997, p. 36).

Assim, no Getsêmani, começa verdadeiramente a paixão de Jesus, seu sofrer por Deus. Sua súplica no abandono manifesta o simples temor humano que se sente sob a dor. Moltmann chama a atenção para o temor que se apossa de Jesus.

> Eu creio que aqui bem outro tipo de medo se apossou de Cristo e dilacerou sua alma: Era o medo de que ele, o Filho primogênito que ama o Pai como ninguém jamais amou, pudesse ser "abandonado" pelo Pai. Ele não temia por sua vida. Temia por Deus. Angustiava-se pelo Reino do Pai, o qual havia anunciado como a felicidade dos pobres (ibid., 1997, p. 37).

O temor de Jesus é por Deus, sua angústia é pelo Reino que, durante a vida, anunciou como felicidade. Foi a luta de Cristo com o silêncio de Deus ante a oração no Getsêmani. O abandono de Deus, experimentado por Jesus, foi o cálice que não lhe foi afastado. Foi uma experiência que os místicos chamam de "noite escura da alma" e que Martin Buber denomina "trevas de Deus". *Silêncio* de Deus, *eclipse* de Deus, a *noite escura da alma*, *morte de Deus*, *abscondidade* de sua face são, de acordo com Moltmann, metáforas para esse acontecimento inimaginável. Elas descrevem um mergulho no nada. Daí o paradoxo: "Jesus morreu a morte do Filho de Deus em abandono de Deus" (SOBRINO, 1983, p. 229).

Jesus suportou essa agonia por meio de sua entrega, de sua total abertura a Deus no enfrentamento dos perigos. Com essa oração não escutada e respondida no silêncio de Deus, Jesus inicia sua paixão, sua agonia no abandono do Pai. Outro grito de Jesus, no fim de sua paixão no Gólgota e na cruz, expressa sua agonia dirigida a Deus. Esse grito alcança a dimensão mais profunda da morte do Crucificado.

O evangelista Marcos, em 15,34, narra o grito de Jesus na cruz, onde parece expressar sua experiência de abandono: "Meu Deus, meu Deus, por que me abandonaste"; grito que recolhe a última experiência que o Pai faz de Jesus antes de sua morte. Resume a dor de quem chamava a Deus, "Abba", e agora se sente abandonado por ele. Para Moltmann, o livro inteiro de *O Deus crucificado* pode ser entendido como uma interpretação teológica dessas palavras nos Evangelhos de Marcos e Mateus.

Moltmann afirma que, mais do que uma prece, o grito foi um brado desesperado a Deus. A humanidade de Deus se evidencia ao máximo na agonia narrada pelo evangelista Marcos. O texto é a expressão literal do rechaço de Jesus diante de sua morte violenta. O Salvador do mundo grita para ser salvo. De acordo com o autor, é a única vez na vida que Jesus já não se dirige mais a Deus como "meu Pai", mas formalmente como "meu Deus" (MOLTMANN, 2011, p. 92).

Não é possível duvidar de sua historicidade – *ipssima verba Iesu* – por sua conservação literal no aramaico e por ser mais difícil de explicar sua presença em Marcos e Mateus e sua ausência em Lucas e João. Uma comunidade que pretende superar o escândalo da cruz e acaba de experimentar a presença do Ressuscitado dificilmente se atreveria a pôr nos lábios de Jesus um grito desesperado, se não fosse porque realmente o proferiu. E jamais nos poderíamos acostumar com a ideia de que, no centro da fé cristã, deve-se ouvir esse grito do Cristo abandonado.

Muitos questionamentos são feitos diante da narrativa de Marcos: O grito de Jesus é de angústia e desespero? É uma forma de expressar sua absoluta confiança, abandonando-se totalmente a Deus? O texto tem sido objeto de múltiplas interpretações que têm uma grande importância para a teologia trinitária, porém, nenhuma delas alcança o mistério último que expressam essas palavras, e, ainda que seja compreensível que os homens de cada geração encontrem refletidos nelas seu desespero e sua esperança, não é possível duvidar de sua historicidade. O teólogo espanhol Angel Cordoville, em sua obra *El misterio de Dios trinitario*, classifica em dois grupos as interpretações sobre o grito de Jesus na cruz.

• *O realismo extremo: abandono e ruptura* – formado por autores que, motivados por pretextos pastorais num mundo marcado pelo pecado e pela injustiça, levam à morte tantos seres inocentes, põem em relevo o caráter paradoxal do Mistério de Deus, dando toda densidade possível ao grito de Jesus na cruz, interpretando-o como abandono real de Jesus, o Filho de Deus. Eles interpretam o texto de Marcos como a expressão de que o Filho morreu abandonado por Deus.

- *O realismo moderado: abandono e confiança* – em que as palavras de Jesus expressam um ato de obediência e de abandono supremo nas mãos do Pai, e que Jesus estaria pronunciando o Salmo 22 em toda a sua totalidade. Afirmam que a oração não é um grito de desespero, e sim uma expressão de confiança, expressão de sua fé em Deus. Na "noite escura" do "abandono de Deus", ele se dirige em oração a Deus. Interpretam-se as palavras de Marcos e Mateus no conjunto da revelação do NT, onde são entendidas desde a totalidade da vida, palavra, mensagem, fatos finais e repercussões posteriores. Nessa linha de reflexão esteve João Paulo II, que comenta esse texto na Carta apostólica *Novo Millennio Ineunte*, dizendo:

> Será possível imaginar um tormento maior, uma escuridão mais densa? Na realidade, aquele "por que" cheio de angústia, dirigida ao Pai com as palavras iniciais do Salmo 22, apesar de conservar todo o realismo dum sofrimento inexprimível, é esclarecido pelo sentido geral da oração: o Salmista, num misto impressionante de sentimentos, une lado a lado o sofrimento e a confiança. Com efeito, o Salmo prossegue dizendo: "Em vós confiaram os nossos pais; confiaram e vós os livrastes. [...] Não vos afasteis para longe de mim, porque estou atribulado; não há quem me ajude" (2221,5.12). O grito de Jesus na cruz, amados irmãos, não traduz a angústia dum desesperado, mas a oração do Filho que, por amor, oferece a sua vida ao Pai pela salvação de todos. Enquanto se identifica com o nosso pecado, "abandonado" pelo Pai, ele "abandona-se" nas mãos do Pai. Os seus olhos permanecem fixos no Pai. Precisamente pelo conhecimento e experiência que só ele tem de Deus, mesmo neste momento de obscuridade Jesus vê claramente a gravidade do pecado e isso mesmo fá-lo sofrer.

Moltmann interpreta o grito de Jesus como expressão do abandono e da ausência de Deus, Eloi e não "Abba", pois: 1) é um grito de um desesperado; 2) com a consciência humana de fracasso; 3) com a consciência divina de abandono. Como Filho de Deus, é no Gólgota, em seu abandono, que Jesus faz sua experiência de Deus. O grito alcança a dimensão mais profunda da morte do Crucificado. O Pai, em quem pôs toda a sua confiança em toda a sua vida, o abandona no final nas trevas e no abismo da morte. Ele, que nunca abandona, precisamente aqui o fez. O abandono alcança não só a dimensão política (rebelde) e religiosa (blasfema), mas também teologal (abandonado de Deus). "Ante Deus e sem Deus, morre com Deus" (D. BONHOEFFER).

Portanto, para Moltmann, no Getsêmani e no Gólgota, acontecem o abandono de Jesus em Deus e o silêncio de Deus para Jesus. Para o autor, é como se a relação de Jesus com o Pai fosse rompida nessa noite (ibid., p. 92). Assim, segundo Moltmann, "o que acontece no Getsêmani e no Gólgota atinge profundamente a divindade" (ibid., p. 94), pois mostra a cruz inserida no ser de Deus e o ser de Deus na cruz. Nesse sentido, a morte de Jesus na cruz, considerando a ressurreição, deixa de ter apenas um significado *para nós* e passa também a ter um significado *para Deus*. Jesus sofre no abandono a morte do Filho de Deus. O grito do abandonado é o escândalo da cruz visto desde o mesmo Jesus, um grito do qual só vagamente chegamos a intuir sua importância e seu caráter indispensável para nossa vida.

O morrer neste abandono é a agonia daquele que se sabia Filho de Deus. O grito de agonia de Jesus na cruz é "ferida aberta" de qualquer teologia cristã, porque, seja de forma consciente ou inconsciente, toda teologia cristã responde à pergunta: por quê? Com a qual Jesus morreu, para dar a sua morte um sentido teológico (id., 2009, p. 228-229).

O grito de abandono significa, em Moltmann, o intenso sofrimento que domina o Pai e o Filho, ou seja, Deus mesmo. Na cruz, Deus luta com Deus, Deus clama a Deus, Deus morre em Deus! Portanto, no centro da fé cristã está a história da paixão de Cristo. E, no centro dessa paixão, está a experiência de Cristo abandonado por Deus. Só podemos compreender os mistérios da *kenosis* do Filho, se nele estão implicados o Pai e o Espírito Santo. Assim, vamos dar mais um passo na nossa reflexão, destacando como Deus deve ser compreendido no evento da cruz de Cristo, a implicação em Deus, a interpretação do sofrimento e da dor em Deus Pai, para, em seguida, falar da cruz como um acontecimento trinitário.

2.2 O sofrimento e a dor em Deus

Um dos temas básicos do livro é responder, com base na cruz de Cristo, se Deus é passível ou impassível. Será Deus apático, como acreditava a filosofia grega? No livro *O Deus crucificado*, Moltmann responde à interrogação sobre o que significa para Deus a morte de Cristo? O autor reconhece que a morte de Jesus pertence à autoproclamação de Deus. Só podemos dizer o que Deus é em si mesmo e o que ele é para nós na história de Cristo, que nos alcança em nossa história.

Para falar de Deus com suporte em Jesus, é preciso escutar o grito de morte de Jesus na cruz. A cruz de Jesus é uma declaração não apenas de Deus, mas sobre Deus. Deus está pessoalmente envolvido na história da paixão de Cristo. Caso contrário, a sua morte não poderia produzir nenhum efeito redentor. Cremos em Deus por Cristo, porque Deus mesmo está imerso na história da paixão de Cristo. "No grito do abandonado por Deus, que Cristo lança da cruz, eu via" – disse Moltmann – "o critério que deve inspirar toda teologia que pretenda ser cristã" (id., 2014, p. 177).

Esse grito remete à pergunta: O que significa a cruz de Jesus para Deus mesmo? Moltmann concentra a questão e o conhecimento a respeito de Deus sobre a morte de Cristo na cruz e tenta compreender a essência de Deus com base na morte de Jesus. O autor critica as tradições teológicas que veem a cruz e a ressurreição de Jesus apenas no horizonte da soteriologia. Com efeito, elas ampliam o aspecto da salvação, da preocupação tradicional pelo pecado, para um cuidado contemporâneo que abrace o inocente e o sofrimento sem sentido. Se as doutrinas da justificação tradicional se orientam ao pecado, a moderna teologia orienta-se às vítimas. Ambos os aspectos se unem em um mundo de pecado e sofrimento, violência e vítimas.

Portanto, se Deus está envolvido na história da paixão de Cristo, propõe-se perguntar, além disso: Como é possível que a "morte de Jesus" seja uma declaração sobre Deus? Apenas Cristo sofreu abandonado por Deus ou o próprio Deus, em Cristo, também sofreu? A resposta a essas perguntas "leva a uma revolução no conceito de Deus, revelado pelo Crucificado" (ibid., 2014, p. 277). Torna-se decisivo compreender o processo histórico-teológico segundo o qual foram estabelecidos imagens e conceitos acerca de Deus distanciados de sua condição passível ao amor e à paixão.

De acordo com Moltmann, a pergunta sobre se Deus pode sofrer ou se o sofrimento de Jesus foi unicamente sofrimento humano ocupa a teologia desde as controvérsias cristológicas dos primeiros séculos (ibid., p. 287). Já na história dos dogmas, há uma revolução no conceito de Deus. Na controvérsia ariana, a razão pela qual Ário não aceitava a divindade de Cristo se fundamentava no sofrimento de Jesus, o Logos encarnado. Essa é a questão na qual os bispos de Niceia tiveram que se debruçar. Os bispos tiveram que tomar posição sobre a relação entre Deus e o sofrimento. Para Ário, Cristo não só não era Deus, mas não podia ser Deus, precisamente por causa de suas limitações e sofrimentos na cruz.

Nesse sentido, Moltmann afirma que a "reflexão teológica ao não identificar o próprio Deus com o sofrimento e a morte de Jesus, aproximou a cristologia tradicional bastante do docetismo" (ibid., p. 287). Depois que o Concílio de Niceia (325) definiu que o Logos encarnado é consubstancial com Deus Pai, esta posição deixou de ser ortodoxa. Assim, ao proclamar a divindade de Cristo, Niceia, de algum modo, forçou a relação entre Deus e o sofrimento.

De acordo com o teólogo Jon Sobrino, esse é o fato fundamental que expressará "algo específico da fé cristã" (SOBRINO, 2000, p. 395). O que está realmente em jogo pode ser expresso nesta pergunta: Quem é o Deus de Jesus? Moltmann assinala: "O tema da confissão: Jesus é o Cristo, Jesus é o Senhor, sempre foi, desde o início e, essencialmente, não apenas o mistério da pessoa de Jesus, mas sempre, simultaneamente, com isso, o mistério de Deus" (MOLTMANN, 2014, p. 67).

Assim, o Concílio manteve, mesmo sem alcançar as consequências de suas afirmações, a divindade de um Cristo sofredor. O teólogo espanhol Gonzalez Faus afirma:

> Ao pôr em contato os dois termos, Deus-sofrimento, o Concílio de Niceia nos situa ante às duas questões mais decisivas que se deram na história e na vida dos homens. E, ao responder afirmativamente, dá-se uma cópula entre ambos, que põe em relevo o próprio nervo da fé cristã, em tudo o que tem de irrupção imprensada e inesperada, que não se encaixa facilmente nos esforços explicativos nem nos desejos humanos e que é antes juízo e condenação destes (GONZALEZ apud SOBRINO, 2000, p. 395).

A essa coragem nicena, Jon Sobrino chama de "*pathos* de audácia e honestidade" (SOBRINO, 2000, p. 395), porque os padres de Niceia tiveram a coragem de ir além da metafísica grega, já operando uma des-helenização no conceito de Deus. Com efeito, a grande intuição de Moltmann foi precisamente reaver o pressuposto e a intuição dos primeiros concílios, a saber: a divindade é afetada pelo sofrimento e pela morte. O *pathos* está em Deus. "A morte e a dor estão em Deus" (MOLTMANN, 2014, p. 389).

Destarte, a mudança no conceito de Deus, como afirma Niceia e como Moltmann propõe e desenvolve em *O Deus crucificado*, revoluciona a fé. Essa revolução do conceito de Deus transforma a fé, pois leva a rever e redimensionar o conceito que temos de Deus; passar do conceito do Deus perfeito, imutável, senhor poderoso, para o de Deus que Jesus na sua cruz revela: Deus pobre, fraco, sofredor, que se compadece dos fracos. Não se impõe nem procura glória. É amoroso. É patético (ibid., p. 350).

Para o autor, a relação que Deus Pai vive com Jesus é correspondente à relação que Jesus vive com Deus Pai: "Eu falo o que vi junto de meu Pai" (Jo 8,38); "Eu e o Pai somos um" (Jo 10,30); "Quem me vê, vê o Pai" (Jo 14,9b). Não parte, assim, da cristologia das duas naturezas para compreender Deus Pai, pois essas distinções de naturezas não provêm da história concreta de Jesus, mas da concepção metafísica de matriz filosófica helênica. Essa concepção de duas naturezas constrói um conceito de Deus que não confere com o Deus de Abraão, Isaac e Jacó, que é um Deus vindouro, um Deus da história, e não um Deus distante, inacessível e imutável.

Moltmann, ao defender a ideia de Deus trino como Deus crucificado, pretende afastar o culto a um Deus que seja ídolo de uma religião, de uma classe, de uma raça ou sociedade. A revolução do conceito de Deus está em aceitar, como centro do Cristianismo, Jesus de Nazaré, o que implica aceitar que ele percorreu o caminho do sofrimento e foi morto como blasfemador e abandonado pelo Pai.

Para o autor, no centro dessa história, tem-se a história do Deus que se humilhou, tornou-se homem, carregou nos ombros os sofrimentos da humanidade e morreu na cruz abandonado por Deus. Esse conceito de Deus contradiz o conceito de Deus do sucesso e seus adoradores. Contradiz uma teologia triunfalista. Vejamos como Moltmann descreve o *pathos* que há em Deus.

2.2.1 O *pathos* de Deus

Uma das proposições que subjaz em quase todo o conjunto da obra moltmanniana e constitui a pedra angular de sua cristologia é a afirmação: o *pathos* está em Deus. Uma comparação da teologia cristã com a *teologia apática* da Antiguidade grega e a *teologia pática* da posterior filosofia judaica da religião nos ajudará a entender melhor o *pathos em Deus*.

Afirma o autor que a filosofia grega exerceu decisiva influência na formação de um conceito apático da divindade (ibid., p. 339). Segundo os filósofos gregos, Deus é impassível, não se deixa tocar pelo sofrimento, nem mesmo pelo sofrimento alheio, pois isso revelaria a sua fraqueza. De acordo com tal filosofia, o divino não pode padecer, pois, se padecer, não será divino. Os gregos acreditavam que a substância divina é incapaz de sofrer. Se sofre, não é Deus. A divindade se caracteriza, assim, como a suprema apatia, estando "acima de necessidades e impulsos" (id., 1978, p. 12).

Apatia, originalmente, significa ausência de sofrimento, e era considerada a mais alta virtude, tanto dos deuses quanto dos humanos. Perante um mundo movimentado, sofredor e nunca suficiente em si mesmo, está a divindade da filosofia grega incapaz de sofrer, de mover-se, já que "a pluralidade, o movimento e o sofrer são inadequados à existência divina" (id., 2011, p. 35).

A substância divina não pode estar submissa ao destino deste mundo, portanto, deve ser apática e impassível (id., 2014, p. 340). Caso contrário, não seria divina, absoluta, autossuficiente, devendo, assim, opor-se à natureza transitória, limitada e dependente. Assim, Aristóteles, no seu livro XII da *Metafísica*, formulou o *apathiaxiom*. A essência dos deuses, a divindade, é "*apathes*, incapaz de sofrer (id., 2008, p. 43). No conceito filosófico grego de Deus, o ser divino é impassível. Se fosse passível, seria corruptível e imperfeito e não seria mais Deus.

O Deus apático poderia, portanto, ser compreendido como o Deus livre, que livrou os outros de si mesmo (id., 2014, p. 343). Assim, desde Aristóteles, está posto o princípio metafísico essencial: *Theosaphathés*. Para Moltmann, até os dias de hoje, o "*apathiaxiom* de Aristóteles influenciou mais fortemente a doutrina sobre Deus do que a história da paixão de Cristo" (id., 2008, p. 43). E conclui: "Quanto mais fortemente o axioma da *apathia* de Deus é observado, tanto mais fraca será a capacidade de identificar Deus com a paixão de Cristo" (ibid., p. 43).

Desde Platão e Aristóteles, a perfeição metafísica e ética de Deus é classificada como *apatheia*, portanto, uma divindade sem afeições. Os sentimentos lhe são estranhos. Deus não sentiria amor, compaixão e misericórdia (id., 2014, p. 341). O conceito de *apatheia* divina que esteve sempre na história da tradição cristã, muitas vezes, foi posto em xeque. A teologia cristã, ao ser constituída com amparo em formas mentais das categorias da filosofia grega, e dentro do ambiente cultural do helenismo, viu-se no paradoxo de afirmar a paixão de Cristo e, ao mesmo tempo, a imunidade de Deus à dor.

Para Moltmann, manter o conceito platônico e aristotélico de Deus torna impossível superar o axioma de um Deus apático/impassível. O Deus que se desprende desse conceito é apático, não se comove com o sofrimento do próprio Filho e abandonou o Filho em seu sofrimento. É um ser frio, totalmente sem sentimento; entretanto, contesta Moltmann, assim como ele não sofre, também não ama. Assim, contrapondo-se a essa sentença da impassibilidade absoluta de Deus, Moltmann propõe outro conceito de Deus.

A filosofia grega contribuiu para formar as estruturas conceituais da divindade (ibid., p. 266). Há, portanto, um chamado de Moltmann à teologia cristã para reconhecer Deus mesmo envolvido na história da paixão de Cristo e, inversamente, a paixão de Cristo em Deus mesmo. Conclui Moltmann: "Para quem enxerga na paixão de Cristo somente o sofrimento do bom homem de Nazaré, Deus deve valer inevitavelmente como o frio, mudo e insensível poder celestial. Isso, porém, seria o fim da fé cristã em Deus" (id., 2008, p. 43).

Moltmann questiona se a impassibilidade divina não teria prejudicado a formulação na teologia de um conceito de Deus mais cristão. Assim, conclui que, na formação da doutrina de Deus, a influência metafísica helênica, também conhecida como teologia natural, deveria ser reexaminada à luz de uma perspectiva cristológica pela qual se estabelecesse, como axioma, a paixão de Deus (id., 2014, p. 267). Ou seja, se se desvincula o conceito de Deus do princípio metafísico helênico da impassibilidade/apatia do ser divino, é possível falar de história de Deus na paixão do Filho.

Como a fé cristã entende a paixão de Cristo como revelação do amor de Deus, tendo em vista o conceito grego de impassibilidade da divindade? Deus permite Cristo sofrer por nós ou ele mesmo sofre em Cristo? Põem-se, assim, em confronto duas concepções acerca de Deus: a que o isenta de dor e sofrimento, temendo limitá-lo ou identificá-lo excessivamente à condição humana, e a que entende como possível ao ser divino o envolver-se com a criação, sofrê-la, ser acessível a ela, amá-la a ponto de aproximar-se, sem que isso o impeça de continuar divino.

Moltmann, em *O Deus crucificado*, evidencia que a história da tradição cristã demonstrou esforços, especialmente na patrística, por conciliar tais conceitos: apatia e paixão (id., 2011, p. 37). É certo que grande parte das afirmações da Bíblia ficou obscurecida pela doutrina da imutabilidade e impassibilidade divinas. Os padres da Igreja, de modo algum, assumiram, de modo acrítico, o axioma da *apathia* do conceito filosófico de Deus. Mantiveram o paradoxo de um Deus impassível que padece.

Com efeito, afirmam-se, ao mesmo tempo, o axioma da filosofia grega (a apatia) e o tema central do Evangelho (a paixão de Cristo). A adoção do conceito filosófico helênico do "Deus incapaz de sofrer" da Igreja primitiva injetou dificuldades na cristologia, às quais só a teologia mais recente procurou combater. Nesse caso, há, para Moltmann, uma justaposição de conceitos, que, por serem díspares, culminam em desequilíbrios e prejuízos para uma das proposições. É o que constatamos nos dias atuais, quando o axioma da apatia marca os conceitos fundamentais da teologia de modo muito mais expressivo do que a história da paixão de Cristo o fez.

No âmbito da teologia cristã, o axioma da apatia significa propriamente que Deus não está sujeito ao sofrimento da mesma forma como o estão as criaturas. Dessa maneira, em sentido estrito, não há um axioma em questão (Deus não pode sofrer), porém, um enunciado analógico (não sofre como ser humano), tendo em vista a tentativa de compreender um conceito mediante uma comparação (ibid., p. 37).

Ao questionar por que a teologia da Igreja antiga preservou o axioma da apatia, ainda que a piedade cristã tenha adorado o crucificado como Deus, Moltmann destaca dois fundamentos:

> (I) Por sua incapacidade essencial de sofrer, Deus se diferencia das pessoas e de todas as coisas não divinas que estão sujeitas ao sofrimento como o caráter passageiro da existência e da morte; (II) Se Deus dá a salvação à medida em que lhes dá participação na sua vida eterna, então esta salvação torna as pessoas imortais e não passageiras e, por isso, também incapazes de sofrer (id., 2018, p. 44).

De acordo com o autor, o limite dessa argumentação está em oferecer só uma opção: incapacidade essencial de sofrer ou sujeição incondicional ao sofrimento. Ele destaca a terceira forma de sofrimento: "o sofrimento ativo, abertura voluntária; o sofrimento do amor que se sente, isto é, a misericórdia" (ibid., p. 44). Assim, para ele, teologicamente, Deus não apenas ama, mas é essencialmente amor (1Jo 4,16) e torna-se passível às consequências que o amor pode proporcionar, inclusive o sofrimento.

Portanto, mesmo que na teologia cristã o axioma da apatia afirme que Deus não está sujeito ao sofrimento como as criaturas passageiras, ela não exclui que Deus, em outra perspectiva, possa sofrer e, efetivamente, sofre. Nesse sentido, o teólogo luterano faz uma importante observação: "Se Deus, sob qualquer perspectiva, fosse incapaz de sofrer, então ele também seria incapaz de amar" (id., 2008, p. 44). E conclui:

> Se ele, contudo, é capaz de amar outras coisas, então ele mesmo se abre ao sofrimento, que lhe confere o amor em relação aos outros, e mesmo assim permanece acima do sofrimento, graças ao poder

do seu amor. Deus não sofre como as criaturas por *carência de ser*. Nesse sentido, sim, ele é *impassível*. Ele sofre em seu amor, que é a abundância de si mesmo (id., 2014, p. 289).

Nesse sentido, ele é *pático* (capaz de sofrer), *passível*. "Deus é Deus soberano no sofrimento do seu amor" (id., 2008, p. 44).

O autor chama a atenção para o fato de que os atributos de Deus foram interpretados numa perspectiva excessivamente abstrata em uma nítida dependência à filosofia grega (ontologia) que não ajudou a interpretar a verdade do testemunho bíblico, ou seja, a implicação de Deus na história dos homens. Ocorre que houve uma interpretação rigorosa dos conceitos de imutabilidade e impassibilidade de Deus, interpretados como ser opaco, mudo e cego; não de Deus como espírito e amor, ser pessoal, livre e dinâmico em liberdade sempre nova. Se esses termos, no primeiro momento, foram usados para salvaguardar a transcendência de Deus, sua alteridade e distância diante do mundo, finalmente, têm sido compreendidos de maneira excessivamente abstrata e estática, levando a um dualismo que deixa Deus fora da história do mundo e dos homens.

Tais atributos da imutabilidade e impassibilidade foram postos em xeque pela revelação de Deus na cruz de Cristo e pela inquietante pergunta sobre o mal em perspectiva moderna e contemporânea que conhecemos pelo nome de teodiceia. A teologia havia herdado da filosofia grega a convicção de que os deuses não podem sofrer, pensando que divindade e *apatheia* estavam unidas.

Moltmann propõe interpretar os atributos de Deus desde a revelação livremente de Deus na história e sendo compreendidos de maneira trinitária. Os atributos divinos não podem ser entendidos de forma abstrata e impessoal, e, sim, trinitariamente constituídos. A rigidez da interpretação influenciada pela tradição filosófica helênica tem que ser equilibrada desde uma perspectiva mais bíblica e uma leitura trinitária.

Assim, para Moltmann, o Deus do Antigo Testamento não pode ser representado como um poder frio e silencioso no céu. O Deus de Israel se distancia do Deus dos filósofos, pois Deus é tocado pelo que acontece no mundo e reage a isso. Entre Deus e o homem há intensa relação. A Bíblia o apresenta como um Deus que se revela em outras categorias. O AT descobrirá Deus mediante sua atuação e inserção na história como um Deus que acompanha seu povo em seu caminhar e em seu sofrer.

O AT nos mostra que esse Deus não só é o Deus que cria com sua palavra (Gn 1), modelando o homem do barro da terra (Gn 2,7), mas também o Deus que dialoga com o homem, que o chama e se interessa por ele (Gn 3,8s); que se enfurece com o pecado generalizado dos homens e se arrepende de tê-los criado (Gn 6,5s); que elege e escolhe um homem velho e débil para convertê-lo em pai e em bênção para todas as nações (Gn 12,1-3); que conduz os caminhos sinuosos de José no Egito para preparar, de modo providente, a chegada de seu povo em tempos de calamidades (Gn 45,7); que observa bem a opressão de seu povo e se implica em sua liberdade e resgate (Ex 3,7); que o precede, combatendo por ele, e acompanha esse povo no deserto (Dt 1,30-34) para levá-lo à Terra Prometida (Js 1,1s); que se exila com ele, quando esse povo é desterrado pelo poder do império babilônico; que lidera o regresso do povo, conduzindo-o a um novo êxodo (Is 40), outorgando-lhe uma aliança nova (Jr 31).

Todos são verbos de ação cujo sujeito que atua se implica profundamente na transformação de uma realidade. É o Deus do caminho que faz história comum com o homem; que faz aliança com ele, comprometendo-se com ele em deixar de ser o Deus único, incomparável e soberano, que transcende tudo. Toda essa história de compromisso e implicação de Deus chega à sua plenitude na pessoa de Jesus Cristo e no testemunho do NT. Nele e com origem nele, podemos dizer que é Deus mesmo quem entra na história, encarnando-se num homem concreto (Filho). Aqui chega Deus ao seu grau máximo de solidariedade, compaixão e amor por sua criatura.

É um Deus envolvido na história da paixão de Cristo. Assim, para Moltmann, o AT descreve Deus envolvido com a criação, com a humanidade e com o futuro. Um Deus na condição apaixonada, "paixão que quer o amor e desconhece a apatia" tornando-se vulnerável a ela e ao amor que ela representa. Assim, na perspectiva de Moltmann, o Deus do AT não pode ser representado como um poder frio e silencioso no céu, mas como um Deus apaixonado que faz aliança, tornando-se vulnerável a ela e ao amor que ela representa. Ocorre uma revolução no conceito de Deus: do Deus impassível grego ao Deus bíblico que se compadece e se deixa afetar pela dor das pessoas (Os 11,1-11) e que se entrega na cruz.

Moltmann, em sua obra *O Deus crucificado*, destaca, em sua pesquisa sobre a passibilidade em Deus, que, entre os padres do Ocidente e do Oriente na Igreja antiga, foi Orígenes quem ousou falar, em termos teológicos, sobre o "sofrimento em Deus" (id., 2011, p. 38). Podemos também destacar os padres Inácio de Antioquia, Atanásio e Tertuliano, que, assim como Orígenes, contribuíram para clarificar o conceito da *pathia* de Deus, mostrando que ele comparte do sofrimento humano. Inácio de Antioquia fala que Deus, sendo impassível, fez-se passível por nós: "O intemporal, o invisível que por nós se fez visível, o incompreensível, o impassível que por nós se fez passível" (apud CORDOVILLA, 2014, p. 172). Já Atanásio afirma que o Verbo encarnado aplicou a si mesmo o sofrimento humano de Jesus (cf. ibid., p. 174). Tertuliano, em seu escrito contra Marcion, qualifica a Deus inclusive como o *Deus mortuus e Deus crucifixus* (apud CORDOVILLA, 2014, p. 172).

É Orígenes, no entanto, a quem mais Moltmann aprofunda e elege para fundamentar sua reflexão. Evidencia a Orígenes, ao comentar a epístola aos romanos, em sua hermenêutica sobre Romanos 8,32: "Que não poupou o seu próprio Filho, mas entregou-o por todos nós", e afirma que: "Em sua misericórdia, Deus padece com (*sympaschei*); pois ele não é desprovido de coração" (apud MOLTMANN, 2011, p. 38). Também destaca outros textos de Orígenes que fundamentam sua reflexão, entre eles a Homilia VI sobre Ezequiel, onde assinala:

> Ele desceu à terra por compaixão pelo gênero humano. Ele sofreu os nossos sofrimentos, antes de padecer na cruz, e antes de dignar-se a assumir a nossa carne, pois se não tivesse sofrido (antes) não teria entrado na condição da vida humana. Primeiro sofreu, depois veio a nós e tornou-se visível. Qual é o sofrimento que padeceu por nós? É o sofrimento do amor. E o próprio Pai, o Deus do universo, "paciente e cheio de misericórdia" (Sl 103,8), não sofre ele também, de certa forma? Ou por acaso não sabes que ele, quando desce até os homens, sofre a dor humana? O senhor teu Deus conduziu-te por todo caminho, como um homem que conduz

o seu filho (Dt 1,31). Assim Deus assume a nossa condição, do mesmo modo que o Filho de Deus assume a nossa dor. O próprio Pai é impassível (*ipse pater non est impassibilis*). Quando é invocado, ele se compadece e compartilha do sofrimento. Ele padece do sofrimento do amor, passando a ser o que não pode pela magnitude da sua natureza, e suporta por nosso amor o humano padecimento (MOLTMANN, 1980, p. 38).

Para Moltmann, quando Orígenes fala do sofrimento de Deus, refere-se ao sofrimento do amor, do sentir (sim-patia), que é a essência da misericórdia; sofrimento que é próprio de quem "é rico em misericórdia" e que participa do sofrimento alheio, assume a dor do outro, sofre pelo outro. Tal sofrimento é, para Orígenes, o sofrimento divino. É o sofrimento do Pai que, ao entregar o "seu próprio filho" (Rm 8,32), assume o padecimento da redenção.

É o sofrimento do Filho de Deus que tomou sobre si os nossos pecados e as nossas fraquezas. Moltmann chama a atenção para o fato de que Orígenes se reporta a uma paixão divina que Cristo suportou por nós e aponta, ao mesmo tempo, para uma paixão divina que ocorre entre o Pai e o Filho, no seio da Trindade. Assim, conclui: "O sofrimento do amor não se refere apenas à ação redentora de Deus ao exterior dele próprio, mas também à comunidade trinitária no interior dela mesma" (id., 2011, p. 39).

Assim, o sofrimento extratrinitário e o sofrimento intratrinitário guardam correspondência, pois a paixão divina do amor para fora se fundamenta na dor do amor interno (ibid., p. 39).

Moltmann reafirma a ideia de que só se pode falar do sofrimento de Deus trinitariamente, "pois o monoteísmo não permite essa possibilidade, como o demonstram tanto a filosofia aristotélica como a religião islâmica" (ibid., p. 39). No Cristianismo, manifestou-se a verdade do Deus sofredor:

> Esse foi o escândalo que o cristianismo causou aos gregos e judeus, aos fariseus e estoicos, e, desde então, a muitos cristãos no seio do próprio cristianismo. É o escândalo da cruz, em que Deus deve tornar-se homem, para sofrer, para morrer e ressuscitar, e em que Deus deve padecer e experimentar a morte. No entanto, essa verdade do Deus sofredor, que tanto espanta os homens, é a revelação mais íntima do cosmos e dos seus arcanos; é a revelação através do envio do Filho para a nossa salvação, mediante sua paixão e morte. Isso foi a revelação da divindade da dor, pois só o que padece é divino [...] Unicamente o que é alheado e inumano é que não sofre (ibid., p. 52).

2.2.2 *Pathos* de Deus e *sympatheia* do homem

Moltmann parte do axioma do sofrimento (*pathos*) de Deus para assim entender o sofrimento de Cristo como o sofrimento de um Deus capaz de sofrer. A recuperação da mensagem bíblica, em particular a dos profetas, deu espaço à visão de um Deus cheio de *pathos* e ajudou a reconsiderar o significado do antropomorfismo na descrição do atuar de Deus; um Deus que já não encarna e na cruz manifestou claramente sua capacidade para deixar-se afetar pelo sofrimento de modo radical (id., 2014, p. 349).

Ele reconhece não ter sido o primeiro a contestar a teologia do Deus apático. Antes que "o Deus que sofre" se tornasse o tema da teologia cristã no hoje, a teologia judaica já estava discutindo tal assunto. A teologia cristã aprendeu muito com essa nova exegese judaica da história de Deus no Antigo Testamento e no sofrimento presente do povo judeu. Um dos primeiros autores, no pós-guerra, "a questionar a teologia do Deus impassível foi o teólogo judeu Abraham Heschel" (ibid., p. 387-394).

Já em sua dissertação e, mais tarde, no livro *The Prophets*, foi um dos primeiros a contestar expressivamente a teologia do Deus apático, na qual se vê, na experiência profética, uma implicação vital, que nos ajuda a perceber o modo como Deus se exprime diante de seu povo, chamando a teologia dos profetas do Antigo Testamento de "teologia do *pathos* divino" ou "teologia patética". Entre tantas obras que tratam da paixão de Deus, a de Abraham Heschel foi a que recebeu maior atenção por parte de Moltmann em suas obras teológicas (cf. ibid., 2014).

Segundo Moltmann, "durante muito tempo, a apatia divina também constituía um princípio fundamental da teologia judaica. Somente Heschel reconheceu que o *pathos* divino é o adequado ponto de referência hermenêutica para aquelas expressões antropomórficas de Deus, contidas no Antigo Testamento" (id., 1979, p. 93).

Heschel, diante do helenismo e da filosofia da religião de autores como Maimônides e Spinoza, afirmava que os profetas não tinham nenhuma ideia sobre Deus, mas viam-se a si mesmos e ao povo na situação de Deus (cf. id., 2014). Em jogo estava uma questão hermenêutica determinante para compreender as representações de Deus no AT.

O ponto de partida da reflexão de Abraham Heschel é o tipo de conhecimento que os profetas têm de Deus, tal conhecimento não provém de um estudo teórico, mas sim de uma experiência avassaladora de comunhão vivida diretamente que irrompe nele como uma tempestade da alma a inundar sua vida interior, seus pensamentos, sentimentos e desejos, "que toma posse de sua razão e de sua mente, dando-lhe coragem de ir contra o mundo" (HESCHEL, 1974, p. 118).

O profeta é aquele que vivencia seu tempo e o faz de maneira crítica, mas não de forma meramente racional, e sim com base e por meio do encontro com o mistério, como quem sente a dor de seu tempo. Assim, ele é testemunha humana que não transmite verdades racionais a respeito de Deus e nem regras, valores morais ou normas em geral, mas antes é testemunha dos *fatos* divinos, da relação de Deus com o ser humano. No entendimento de Heschel:

> Los profetas no tênia ninguna "Idea" de Dios. Lo que tenían era um entendimiento. Su entendimiento de Dios no era El resultado de uma investigación teórica,o de uma evaluación de las alternativas sobre el ser y atributos de Dios. Para ellos Dios era abrumadoramente real y estaba explosivamente presente. Nunca hablando El como si estuviera a la distancia. Vivían como testigos, impresionados por su palabras, más que como exploradores ocupados em um esfuerzo por indagar La naturaleza divina (ibid., p. 115).

Eis o apelo contínuo presente nos profetas: o Deus simpático ao ser humano, preocupado com a dor e o sofrimento, clama por justiça e outorga redenção, convoca o humano a ser simpático a seu *pathos* pelo ser humano. Deus necessita do humano para que esse possa realizar a redenção. A teologia patética dos profetas, mostrada em Heschel, exprime, portanto, um Deus passível com seu povo eleito, em pecado e sofrimento (cf. MOLTMANN, 2014). A essa situação "divina" de envolvimento de Deus com o povo de Israel, Heschel denomina *pathos* de Deus. Na perspectiva de Heschel, em seu *pathos*, Deus, o Todo-poderoso, por sua livre relação com a criação, sai de si mesmo e é afetado pelas situações do povo de Israel. "A criação, a libertação, a história e a salvação nascem do *pathos* de Deus" (id., 2011, p. 39). Deus envolve-se com seu povo e, assim, por amor e em seu pacto pelo povo, sofre por suas ações, e, em razão do interesse que sente por ele, é afetado por sua desobediência.

Por isso, em Heschel, não se pode separar a história de Deus da história de seu povo (cf. id., 2014, p. 344). O Todo-poderoso é afetado pelos acontecimentos do seu povo. A história do *pathos* divino, por isso mesmo, está entrelaçada com a história dos homens (cf. ibid., p. 344). O *pathos* divino é o relacionamento livre da participação apaixonada. A criação, a aliança e a história de Deus nascem de sua liberdade. Não como as paixões dos deuses ciumentos ou heroicos do mundo mítico das lendas, que, por suas paixões, estão sempre submetidos ao destino (*ananké*). O *pathos* divino, narrado no Antigo Testamento, é a liberdade de Deus. Deus leva tão a sério os homens que chega ao ponto de sofrer com suas lutas e, no seu amor, afligir-se com os pecados deles (cf. ibid., p. 345).

O Deus do *pathos*, para Heschell, não "se revela en una calidad de absoluto abstracta, sino en una relación personal e íntima com el mundo" (HESCHEL, 1974, p. 119), e, ao mostrar esse Deus envolvido com a história de seu povo, Heschel supera a teologia apática do Judaísmo escolástico medieval. O ponto alto de sua reflexão sobre o *pathos* de Deus está em afirmar que:

El no solo ordena y espera obediência; El también se vê afectado por lo que pasa em el mundo, y reacciona de acuerdo com ello. Los eventos y lãs acciones humanas despiertan em El alegria o tristeza, placer o ira. No se Lo concebe como juzgando al mundo y estando separado de él. El reacciona de uma manera íntima y subjetiva, y portanto determina el valor de los acontecimientos. Como es evidente em El punto de vista bíblico, las obras Del hombre pueden conmover Lo, afectar Lo, afligir Lo o, por lo contrario, alegrar Lo y contentar Lo. Esta noción de que Dios puede ser afectado íntimamente, que pose e no solo inteligência y voluntad sino también pathos, define em forma básica La conciencia profética de Dios (ibid., p. 119).

Nesse sentido, o Deus de Israel se distancia do Deus dos filósofos: um Deus desconhecido e indiferente ao homem, um Deus que pensa, mas não fala, e que é consciente de si mesmo, indiferente ao mundo. Falar, portanto, de *pathos* de Deus é dizer que entre Deus e Israel há uma relação autêntica. Isso quer dizer que tudo aquilo que o homem realiza não afeta somente a sua existência, mas também a de Deus. Deus é entendido na "sua paixão e no seu envolvimento com a história". Para os rabinos, a história do sofrimento do povo de Israel se identifica com a história do sofrimento de Deus, o que nos revela a ideia de um Deus compassivo, como destaca Moltmann:

A ideia do "Deus compassivo" é uma antiga ideia judaica. O Deus que conduziu Israel à liberdade e fez sua aliança com este povo é um Deus com a paixão e o ciúme do amor (Ex 20,5). Justamente por isso os rabinos descobriram na história do sofrimento de seu povo também a história do sofrimento do Deus de Israel (MOLTMANN, 2009, p. 245).

Segundo Heschel, "a religião bíblica começa com o Deus que se dirige ao homem, com sua aliança com o homem. Deus tem necessidade do homem. Um ser supremo, apático e indiferente diante do homem, podia constituir-se como uma ideia válida, porém, não certamente como o Deus vivo de Israel" (HESCHEL, 1974, p. 24). O Deus de Israel é o Deus da misericórdia e da justiça.

Não se deve esquecer de que a Bíblia mantém firme a diferença entre Deus e o homem. Não pensa em atribuir a Deus aquilo que é próprio do homem. O receio de cair em um antropomorfismo, quando se fala de *pathos* de Deus, funda-se na confusão entre uma categoria teológica e um conceito psicológico comum. Sabe-se que os profetas usam expressões típicas dos sentimentos humanos, porém, com elas, não querem dizer que Deus atue como um homem. Utilizam uma linguagem antropomórfica para comunicar o ser não antropomórfico de Deus. Nesse contexto, "a ideia de *pathos* divino, que une o absoluto altruísmo com a solicitude suprema pelos pobres e excluídos, dificilmente pode ser considerada como uma atribuição de características humanas" (ibid., p. 71).

Na teologia de Heschel, o *pathos* de Deus não foi identificado pelos profetas com a essência de Deus, mas com a maneira de sua relação com o mundo. Assim, os profetas jamais reconheceram na sua teologia o *pathos* de Deus com sua essência; identificaram-no, sim, como sua forma de relação com seu povo (cf. MOLTMANN, 2014, p. 344). O *pathos*, com efeito, não é um atributo da essência de Deus. Se assim o fosse, não se poderia conhecer a Deus, já que este, mesmo manifestando "simpatia" diante dos homens, não se manifesta a si mesmo.

A revelação não significa que Deus se dê a conhecer, e sim que dá a conhecer sua vontade; não a revelação do próprio ser por parte de Deus nem tampouco sua automanifestação, e sim a revelação da vontade e do *pathos* divino. O homem conhece a palavra da revelação, porém não a automanifestação de Deus (HESCHEL, 1974, p. 147-148).

Portanto, para Heschel, os profetas fazem a experiência daquilo que Deus diz e não daquilo que Deus é. Eles advertem a presença, porém, não fazem a experiência de sua essência. Por isso, o conceito do Deus apático era-lhes absolutamente estranho. Assim, a profecia não diz respeito à previsão, no sentido de um destino inalterável ou um plano de salvação predestinada por Deus. A profecia, para Heschel, tem relação direta com o *pathos* de Deus em seu sofrimento pela desobediência do seu povo e em sua paixão por seu direito no mundo. "No coração da pregação profética está a certeza de que Deus se interessa pelo mundo até o ponto de sofrer" (ibid., p. 277-296).

Assim, com suporte na experiência judaica de Deus – que pensa Deus não em sua dimensão absoluta, mas em sua paixão pelo mundo –, Heschel desenvolve sua teologia do *pathos* divino, revelado na experiência judaica de Deus, e busca desenvolver uma "hermenêutica teológica denominada teologia bipolar da Aliança" (MOLTMANN, 2011, p. 40). Esta se encontra estruturada sobre três conceitos ou bipolaridades fundamentais: a liberdade divina, a simpatia do homem e do espírito (revelando uma autodistinção do Deus uno) e a doutrina da *shekiná*.

A primeira bipolaridade destaca que, apesar de estar envolvido na aliança, Deus em si mesmo é livre e não está sujeito a nenhuma fatalidade, ao mesmo tempo que é o Deus dos deuses e também o Deus da aliança, aliado aos pequenos, humildes e pobres de Israel. Deus não é indiferente, mas, na dor de seu amor pelos atos humanos, expressa permanente interesse pelo ser humano. Ele sofre em sua paixão pelo seu povo (cf. id., 2014, p. 346).

A segunda bipolaridade corresponde à simpatia do homem à oferta divina por aliança (relacionamento). É na simpatia humana que o *pathos* divino encontra ressonância; simpatia que só é possível em virtude do espírito que procede de Javé (simpatia de Deus). Por isso, um profeta que estabelece aliança entre Deus e seu povo é chamado de *ish-há-ruah* (um homem cheio do espírito) (cf. ibid., p. 347).

Segundo Moltmann, "quando falamos de uma 'autodistinção de Deus', estamos assumindo em Deus uma diferença entre o que distingue e o que é distinguido, entre o Deus que se dá e o Deus que é dado, e, no entanto, é mantida ao mesmo tempo a identidade do Deus Uno" (id., 2010, p. 56). Ou seja, no entendimento de Moltmann, o que para a teologia de Heschel é "*pathos* divino", na teologia rabínica e na doutrina cabalística da *shekiná* se descreve como "auto-humilhação de Deus". Moltmann define a *shekiná* como a "descida e inabitação de Deus no espaço e no tempo, num determinado lugar e em determinado tempo de criaturas terrenas e em sua história" (ibid., p. 55).

A *shekiná* não é uma propriedade de Deus, mas sim a presença do próprio Deus. Não é a sua onipresença que faz parte da essência de Deus, mas sim uma presença especial, querida e prometida de Deus no mundo. Ela é o próprio Deus presente em determinado lugar e em certo tempo. Nesse sentido, a história do mundo ocorre mediante uma série de auto-humilhações divinas que a constituem: a criação, a escolha dos patriarcas, a aliança com o povo, o êxodo e o exílio.

Essas auto-humilhações devem ser entendidas como as acomodações de Deus às fraquezas humanas. Começou com o início da criação e continua até sua escatologia: "Até o final dos tempos, o Todo-poderoso se humilha. Ele é grande, mas olha para o que é pequeno" (id., 2011, p. 40). Deus está junto à história do povo e, por meio de sua *shekiná* (habitação), acompanha-o em todas as situações de glória, sofrimento e angústia. A doutrina da *shekiná*, portanto, é a consequência lógica do pressuposto do *pathos* divino.

A doutrina da *shekiná* aprofunda importantes conceitos defendidos por Moltmann acerca da natureza do Deus cristão. Em primeiro lugar, uma identificação radical de Deus com a sua criação em nada o vincula ao conceito de *apatia*. Apenas a compreensão do *pathos* divino pode explicar a sua auto-humilhação.

Por fim, a doutrina da alienação de Deus em prol da sua criação e da sua aliança revela o profundo amor divino para com a liberdade de tudo que ele criou. Moltmann, conclui assim seu pensamento:

> O amor procura um parceiro que corresponda livremente e retribua o amor de espontânea vontade. O amor humilha-se por respeito à liberdade do parceiro. Aos olhos de Deus, a liberdade do homem, por ele querido e amado, é tão grande quanto o poder da paixão e da condescendência divinas. O amor pela liberdade constitui a base mais profunda da "autodistinção de Deus"

da "bipolaridade divina", da "entrega espontânea de Deus" e da "ruptura", presente na vida e nas obras de Deus, até a consumação salvífica (ibid., p. 43).

Assim, para o teólogo alemão, o Deus de Jesus é, sobretudo, o "Deus crucificado", em que a cruz é o acontecimento culminante da revelação e o sinal distintivo da fé cristã. Compreender Deus no crucificado e desde o crucificado pressupõe "uma verdadeira revolução do conceito de Deus" (id., 2012, p. 217). O Deus que se manifesta na cruz de Jesus se revela na contradição, na dialética e no paradoxo.

A morte de Jesus na cruz deixa, assim, de ter apenas um significado para nós e passa também a ter um significado para Deus. Portanto, conhecer a Deus na cruz de Cristo implica um conhecimento crucificante que leva a renunciar a todos os esquemas lógicos apresentados, tanto pela teodiceia como pela teologia, e a deixar-nos interpelar por esse Deus crucificado, solidário com todo sofrimento humano, que manifesta sua onipotência na debilidade, sua santidade na solidariedade com os necessitados, sua grandeza na humildade e no abandono da cruz, e seu poder na compaixão e na misericórdia.

Portanto, Deus sofre! Senão, jamais poderia amar. O sofrimento está entre Deus e Deus. Ele não só se envolve com o sofrimento, mas o sofrimento está nele mesmo. Participa ativamente desse sofrimento. Claro que seu sofrimento não se dá da mesma maneira que o nosso. A sua essência é a compaixão e a misericórdia, melhores metáforas para falar de Deus. Assim, Moltmann não admite um Deus que seja impassível, apático, sádico ou poderoso. Para ele, Deus é patético.

Assim, além de desconstruir a imutabilidade e apatia de Deus, o autor aponta para sua opção hermenêutica de compreender a doutrina trinitária com apoio na história de Cristo, o Filho, conforme narrado pelo testemunho neotestamentário. A Trindade em Moltmann afeta e é afetada pelo mundo: "A Trindade econômica não apenas revela a Trindade imanente, mas também retroage sobre ela" (id., 2011, p. 168). Aprofundaremos a dor no seio da Trindade, de acordo com Moltmann.

2.3 A dor na Trindade

Após refletir sobre o sofrimento de Jesus no Gólgota e a repercussão desse sofrimento em Deus, Moltmann dá um passo ousado, ao inserir o tema do sofrimento na Trindade. A teologia de Moltmann é uma teologia da esperança, mas também uma teologia da cruz, que faz surgir ainda uma teologia trinitária. Na paixão, morte e ressurreição, centro da vida cristã, configura-se a radical solidariedade de Deus, que é amor com os que sofrem. A Trindade é revelada plenamente por Cristo em sua cruz e ressurreição. Deus se dá a conhecer como movimento de amor. A mútua implicação da teologia da cruz e da Trindade avança para a compreensão das consequências desse evento no seio trinitário, em que há uma mutualidade entre a teologia da cruz que deve ser a doutrina da Trindade e a doutrina da Trindade que deve ser a teologia da cruz. Do contrário, não se pode compreender plenamente o Deus humano, crucificado. A cruz é um profundo evento trinitário. Desde a cruz histórica sobre a terra se remonta à essência do eterno (cf. id., 2014, p. 309).

Moltmann é um dos teólogos do século XX que mais desenvolveu a teologia trinitária, e tem lutado contra uma concepção rigidamente monoteísta de Deus que justifica uma determinada compreensão do poder mundano e eclesial. Nesse sentido, o autor faz uma opção hermenêutica de compreender a doutrina trinitária com procedência na história de Cristo. Com suporte no testemunho neotestamentário, ele lê a história bíblica em chaves trinitárias, e, assim, tece a própria contribuição para a teologia. Ao falar sobre o sofrimento de Deus, supõe que se reconheça uma relação de identidade entre Trindade econômica e Trindade imanente em seu divino compromisso e solidariedade com o mundo.

O autor aprofunda a teologia da cruz e a doutrina trinitária, propondo respostas às seguintes questões decisivas: Existe conexão interna entre a fé no crucificado e no Deus tri-uno? Como a cruz pode ser compreendida trinitariamente? (cf. ibid., p. 296).

Ele começa chamando atenção para a escassa importância que a doutrina da Trindade tem na história da teologia ocidental e para seu caráter altamente especulativo. Críticas pelo défice da teologia trinitária na doutrina sobre Deus têm sido constantes em seus escritos. Adverte que, em muitas vivências cristãs, a Trindade é concebida como um monoteísmo débil, e cita as seguintes palavras do teólogo católico K. Rahner: "A ideia que o cristão tem da encarnação não teria que se modificar nada se não houvesse Trindade" (ibid., p. 297).

O conteúdo da doutrina Trinitária não é mera especulação, pois, se a cruz de Jesus é compreendida como evento trinitário, a doutrina da Trindade não é mais uma especulação insignificante sobre Deus (cf. ibid., p. 309). Propõe-se a libertar a doutrina da Trindade do céu da especulação e da inutilidade prática (ibid., 2014). De que maneira? Voltando aos começos do Cristianismo, à cruz de Cristo, e descobrindo a Trindade inserida nessa cruz (cf. ibid., p. 309) e nos lugares onde o homem sofre mais solidão, injustiça e morte.

O autor ajuda-nos a entender a relação de Deus com o sofrimento ao nos apontar a fé cristã com base na paixão de Deus na cruz de Cristo. Se Deus está pessoalmente envolvido na paixão de Cristo, quando a morte de Jesus na cruz, a partir da sua ressurreição, deixa de ter apenas um significado *para nós* e passa a ter um significado *para Deus*, Moltmann se interroga sobre a identidade de Deus desde a cruz. A cruz do Filho sobre o calvário, por sua significação, penetra o âmago da Trindade imanente, pois o acontecimento da cruz é um acontecimento de Deus. Trata-se aqui de uma teo-logia cristologicamente fundada que se apoia fundamentalmente no acontecimento da cruz. A cruz pertence à Trindade.

Na história de Cristo, a Trindade é revelada numa viva comunhão de *relações e comunhão:* "Elas vivem plenamente umas em outras e umas pelas outras" (id., 1980, p. 182) em si mesma e com o mundo criado. Assim, ele distingue e vincula as pessoas em suas relações umas com as outras e as mostra concretamente (cf. id., 2014, p. 308). É verdade que o Filho e o Espírito são enviados pelo Pai e só em referência a ele podem ser compreendidos. Também é verdade, no entanto, que o Pai é Pai por sua relação ao Filho e ao Espírito. Toda essa discussão conduz à "atual reflexão teológica a pensar a Deus desde o paradigma da comunhão, entendida como âmbito de relações pessoais totalmente simétricas entre o Pai, o Filho e o Espírito Santo" (CORDOVILLA, 2014, p. 488). A Trindade é entendida como três sujeitos divinos em mútua relação de amor e em seu divino compromisso e implicação com o mundo.

Para compreender o que aconteceu na cruz de Cristo, entre Cristo e Deus, é preciso entrar nas tensões intratrinitárias e, assim, refletir sobre o significado da morte de Jesus para o próprio Deus, cuja história do Filho afeta, de alguma maneira, o Pai e o Espírito, pois ambos compartem a mesma natureza. Assim, a "doutrina das duas naturezas deve ser compreendida no evento da cruz de maneira estática, como o relacionamento recíproco entre duas naturezas qualitativamente diferentes: a natureza divina, que é incapaz de sofrer, e a natureza humana, que é capaz de sofrer" (MOLTMANN, 2014, p. 308).

Moltmann critica uma espécie de "patrocentrismo" e "subordinacionismo" ontológicos das outras duas pessoas que não só tem repercutido na teologia (esquecimento do Espírito Santo) como também na compreensão da Igreja (hierarquia) e na configuração da própria sociedade (monarquias absolutas). Ao se compreender o Pai como fonte e origem da divindade, pareceria que ele fosse uma pessoa que não está constituída com base na relação, e, sim, em si mesmo.

Assim, o autor reconhece o acontecimento escandaloso da cruz como "logus", onde se vê a manifestação plena da Trindade; mistério intradivino da entrega de Deus para a redenção do mundo, como ato de amor que favorece se adentrar no seu mistério. "Na cruz do calvário manifestou-se o coração eterno da Trindade" (id., 2011, p. 45). Para chegar a tal afirmação de que a cruz está no coração da Trindade, é necessário relembrar o processo da cruz. Cristo, no seu abandono, sofre a dor da morte. O Pai sofre a morte do Filho que corresponde ao sofrimento do Pai. E quando o Filho, nessa descida ao inferno, perde o Pai, nesse ato, o Pai também perde o Filho. Nesse movimento, está em jogo o mais íntimo da vida da Trindade. O amor comunicativo do Pai converte-se numa dor infinita pelo sacrifício do Filho. Em correspondência, o amor do Filho converte-se em dor infinita pela rejeição e abandono do Pai. Tal acontecimento atinge profundamente a divindade e marca eternamente a vida trinitária (cf. id., 1980, p. 94). Na dor do Pai e no sofrimento do Filho, revela-se um só movimento do Deus triuno: o Pai, em sua dor, entrega o próprio Filho (Rm 8,32) e o Filho entrega a si mesmo (Gl 2,20): "Moltmann, para compreender e explicitar a dor no seio da Trindade, faz uso da *teologia da entrega* no Novo Testamento" (cf. id., 2014, p. 304).

A palavra grega usada no sentido de abandonar é a mesma empregada para entregar: *paradidonai* (cf. id., 2008, p. 49). Nos Evangelhos, que mostram a morte de Jesus à luz da sua vida e mensagem, a palavra grega *paradidonai* tem sentido claramente negativo: entregar, trair, delatar, repudiar (cf. id., 1980, p. 93).

Nesse sentido, na narração da última hora de Jesus, há uma sequência de entregas, quando Jesus passa de mãos em mãos: "Judas Iscariotes, um dos doze, foi aos sumos sacerdotes para entregá-lo a eles" (Mc 14,10). O próprio Jesus, no anúncio de sua paixão, afirma: "O Filho do homem vai ser entregue nas mãos dos homens, que o matarão e, morto, depois de três dias ressuscitará" (Mc 9,31). A morte de Jesus é um ato supremo de sua liberdade e de sua obediência. Liberdade e obediência que estão determinadas por sua relação de fidelidade a Deus e aos homens. Quem, no entanto, é o sujeito dessa entrega? É o Pai. É ele quem o entregou nas mãos dos homens: "Assim, pois, Deus amou o mundo a ponto de dar o Unigênito" (Jo 3,16).

O verbo "entregar" é interpretado no Novo Testamento por três liberdades que se põem em ação: a liberdade dos homens que entregam Jesus à morte (Mt 27,26); a liberdade de Jesus que se entrega voluntariamente (Jo 10,17s) e, por último, a liberdade do Pai ao entregar seu Filho à morte como uma necessidade de seu coração para mostrar o amor com que nos tem amado (Rm 8,32).

Por outro lado, observa Moltmann que Paulo introduz uma mudança radical no sentido da "entrega", quando contempla o abandono de Jesus por parte de Deus não mais à luz da sua vida, mas desde sua ressurreição (cf. id., 2014, p. 306). O "Deus que ressuscitou Jesus dos mortos é o mesmo que o entregou à morte" (id., 2011, p. 93). Em Romanos, Paulo se atreve, inclusive, a utilizar o verbo entregar (*paradidonai*) para expressar que Deus é o sujeito último da morte de Cristo (Rm 8,32). O Pai está literalmente "*com-pro-metido*" na morte de seu Filho por nós. Isto é, metido junto com o Filho no meio da morte para dela nos resgatar.

Na realidade, quando entrega seu Filho, é ele mesmo que se está entregando juntamente com ele (cf. id., 2014, p. 306). É uma oferta que o Pai faz de si mesmo por meio da entrega do Filho. Ele está comprometido, implicado na morte de Jesus, e isso o afeta na medida em que que afirma: "Eu e o Pai somos um" (Jo 10,30). A questão decisiva que se encontra como pano de fundo do texto de Romanos 8,23 é afirmar que o Deus que se revela na entrega de seu Filho não é o Deus irado que necessita de sangue para satisfazer sua ira pelo pecado do homem. Esse versículo segue a lógica que existe em todo o Novo Testamento, uma vez que mostra, de modo paradoxal, a profunda comunhão e a mútua participação que existe entre ambos no acontecimento da cruz. Não é só a natureza humana de Jesus que padece a morte, e sim a pessoa do Filho como encarnado. E se afeta o Filho, de alguma maneira, em virtude da comunhão intradivina (pericorese), há de afetar, de maneira misteriosa, o Pai e o Espírito Santo.

Ou seja, "o Pai abandona o Filho 'por nós' para tornar-se Deus e Pai dos abandonados, o Pai 'entrega' o Filho para, por meio dele, tornar-se Pai dos 'entregues'" (Rm 1,18s). O Filho é condenado a essa morte para "tornar-se irmão e salvador dos condenados e amaldiçoados" (id., 2011, p. 95), isto é, o Pai entrega o Filho na cruz, a fim de ser o Pai daqueles que são entregues. O Filho é entregue à sua morte, a fim de se tornar o Senhor, tanto de vivos quanto de mortos. O Filho é condenado a essa morte para tornar-se irmão e salvador dos condenados e amaldiçoados (cf. id., 2014, p. 310). O Pai sofre a morte do seu Filho por amor aos homens abandonados.

Nessa entrega, Moltmann mostra o íntimo da vida trinitária. O que acontece no calvário "atinge a divindade e marca a vida trinitária" (id., 2011, p. 94). Moltmann se refere à morte de Jesus como morte "em Deus" e não como morte de Deus, procurando mostrar que o sofrimento e a morte na cruz se referem ao Filho e não ao Pai. O Pai e o Espírito Santo são afetados pela paixão e morte de Jesus de outra forma, pela comunhão existente na Trindade, pois, com a morte do Filho na cruz, a distinção trinitária se torna clara e profunda.

Moltmann destaca que o Novo Testamento interpreta a entrega que Deus faz do Filho, em última instância, como amor. Segundo o autor, "aquilo que é amor de Deus, 'do qual nada nos pode separar' (Rm 8,39), isso acontece na cruz e na cruz é experimentado" (ibid., 2011, p. 95). Paulo interpreta o evento do abandono de Deus na cruz como "entrega do Filho, e a entrega do Filho como expressão do amor de Deus" (id., 2014, p. 269). O que é realmente amor de Deus "do qual nada nos pode separar" (Rm 8,39) se viu e se realizou na cruz.

Aqui se constata que o próprio Deus aceitou encarnar-se na história, deixou-se afetar por ela. Nesse sentido, a cruz deverá ser vista não como desígnio arbitrário de Deus, mas como consequência da sua opção primeira: a encarnação. Sua aproximação radical por e com amor até o extremo que tudo isso implica.

A Primeira Carta de João (1Jo 4,16) retrata Deus como amor. Para Moltmann, a definição de Deus como amor adquire seu significado profundo quando há o abandono de Deus na cruz, na entrega do Filho e no amor do Pai que tudo faz, sofre, tudo dá pelo homem perdido. De acordo com o autor, "Deus é amor, isto é, Deus é entrega, isto é, Deus existe para nós na cruz" (ibid., p. 270). Para dizer isso de modo tão positivo e rechaçar a *apatia* dos deuses gregos, é preciso dizê-lo pela via do negativo. "O sofrimento afeta também a Deus. Deus está crucificado" (SOBRINO, 1983, p. 354). Dito de maneira trinitária, o "Pai é o amor que crucifica, o Filho é o amor crucificado e o Espírito é o poder invencível da cruz" (id., 2011, p. 94).

Se na Trindade encontra-se com a cruz de Cristo, qual o vínculo específico e existente entre a cruz de Cristo e o Espírito Santo? "O Espírito é, portanto, aquele que, na separação, une, faz a ligação entre a união e a separação do Pai e do Filho entre si" (id., 2011, p. 94). O Espírito se mostra como aquele que impede que se separe a unidade divina. Nas palavras de Moltmann, "o Espírito Santo é unidor na separação, aquele que une a união original vivida e a separação do Pai e do Filho sofrida na cruz" (id., 2014, p. 271). O que surge do acontecimento entre o Pai e o Filho deve ser entendido como o Espírito da entrega do Pai e do Filho, como o Espírito que dá ânimo aos desanimados e vivifica o que está morto; um amor "incondicional que nasce da dor do Pai e da morte do Filho sobre os abandonados para dar-lhes possibilidade e força de uma nova vida" (id., 2011, p. 94).

Portanto, se há essa comunhão de sofrimento e de amor, é pura insensatez, segundo Moltmann, pensar que uma pessoa da Trindade teria sofrido e que a outra teria provocado sofrimento. No sofrimento do Filho é expressa também a dor do Pai. A autorrenúncia do Filho exprime também autorrenúncia do Pai: Cristo foi crucificado *na fraqueza de Deus* (2Cor 13,4). "Deus se humilha e morre a morte de todos os abandonados de Deus, de modo que mulheres e homens possam experimentar a força de sua solidariedade, pois não há amor sem solidariedade e não há solidariedade de Deus sem encarnação" (SOBRINO, 1983, p. 354-355).

Resumindo, podemos dizer: "Na paixão de Jesus ocorre a entrega do Filho por parte do Pai. Pela entrega do seu próprio Filho, Deus divide-se a si mesmo e se sacrifica. A entrega do Filho revela um sofrimento em Deus que ou se entende trinitariamente ou não se entende de forma alguma" (ibid., p. 96). A forma da Trindade que se revela na entrega do Filho apresenta os seguintes elementos: "O Pai entrega o seu Filho na entrega do Filho à morte, por nós. [...] O Filho entrega-se a si mesmo, por nós [...] O comum sacrifício do Pai e do Filho acontece por meio do Espírito que liga e unifica o Filho, em seu abandono, com o Pai" (ibid., p. 96).

Moltmann contribui, portanto, para a reflexão sobre o sofrimento e a dor em Deus, ao assinalar que esse sofrimento não resulta de carência ou imperfeição, mas de um coração vulnerável e passível de ser afetado pelo amor que o faz abrir-se ao que não é ele e deixar-se ferir pela solidariedade radical com o sofrimento da humanidade. Com o grito do sofrimento do inocente, Deus está abraçando esse sofrimento por dentro, ou não pode ser adorado e invocado pela humanidade em meio à sua dor. É aí que a Trindade está envolvida, comprometida nesse mistério. No próximo capítulo, destacaremos as contribuições da reflexão de Moltmann e confrontaremos suas afirmações com as críticas feitas sobre o sofrimento de Deus.

Capítulo 3

Recepção da obra de Moltmann

No primeiro capítulo, fizemos uma aproximação à "teologia crucis" de Moltmann, momento em que contextualizamos sua trajetória teológica na experiência pessoal e na teologia da cruz, de Lutero, mostrando, assim, a identidade e relevância da cruz, mediante a crise de fé na sociedade contemporânea. No segundo, abordamos o tema Deus e o sofrimento na obra *o Deus crucificado*. Partindo da contextualização histórica e teórica da obra, elencamos os temas significativos e, assim, por meio da dor de Cristo, chegamos ao sofrimento e à dor em Deus.

Nesse seguimento, refletimos acerca da colaboração de Moltmann no âmbito da reflexão teológica. A reflexão sobre o sofrimento em Deus, sem nenhuma dúvida, trouxe contribuições fecundas para a teologia e encontrou eco na teologia de outros autores, os quais desenvolveram os próprios escritos, até mesmo no magistério da Igreja Católica. Nosso objetivo é destacar algumas das valiosas contribuições do pensamento proposto por Moltmann em sua obra *O Deus crucificado* para a nossa reflexão e o pensar teológico moderno e, em seguida, confrontar sua teologia sobre o sofrimento em Deus com os aportes críticos de outros teólogos, com o intuito de perceber a complexa teia que o assunto suscita. O capítulo será finalizado com as considerações finais, as quais estarão embasadas em todo o conteúdo abordado.

1. Contribuições

Uma das características mais notáveis da teologia do século XX foi a busca de novos paradigmas para falar de Deus com base no grito humano. A dor experimentada por Jesus constitui-se num fértil caminho de reflexão seguido por grandes teólogos do pós-Segunda Guerra que associaram a paixão de Jesus à paixão do homem em sua história de miséria e sofrimento. Destacamos pontos significativos da reflexão de Moltmann que fundamentam a imagem de um Deus compassivo, solidário e misericordioso em oposição ao Deus apático da filosofia grega, chegando à atualização da teologia da cruz como teoria crítico-libertadora de Deus e do ser humano.

1.1 Proximidade de Deus junto aos sofredores

Conforme aludimos em seções anteriores, a reflexão moltmanniana sobre o sofrimento em Deus, tal qual exposta em *O Deus crucificado*, marcou a reflexão teológica moderna e continua iluminando os acalorados, nem sempre consensuais, debates teológicos. Fundamentalmente, a teologia de Moltmann assinala que Deus não está eximido ou distanciado do sofrimento humano. Ele não desenvolve sua reflexão desde a origem do sofrimento e do mal, mas sim com procedência no modo como essas realidades afetam Deus, o ser humano e o próprio Cristo.

Com esteio na cruz de Cristo, Moltmann faz do sofrimento o ponto de partida de sua reflexão para revelar a proximidade de Deus junto a todos os sofredores. Mostra Deus em um relacionamento de simpatia com o ser humano, assumindo, por via do Filho encarnado, nossa situação limitada e finita. Compreende o ser de Deus na morte de Jesus e chega a afirmar que Deus não é apático ao sofrimento humano (cf. ibid., p. 46). O sofrimento atinge Deus, seja mediante os acontecimentos impostos ao povo de Israel, seja pela cruz do Filho amado. A cruz é o lugar privilegiado da identidade e da manifestação do Deus revelado por Jesus (cf. ibid., 2014, p. 47). Por outras palavras, a cruz de Jesus é a revelação de Deus, pois mostra que o sofrimento está próximo do coração de Deus, que o próprio Deus se vê afetado e compartilha desse sofrimento. Não é possível que Deus abandone seu Filho à morte sem ser afetado por isso no próprio ser.

Além de descontruir a imutabilidade e apatia de Deus, há um mérito indiscutível de Moltmann: o de ter reconduzido a doutrina trinitária à história de Jesus e, mais concretamente, aos pés da cruz de Cristo (cf. ibid., p. 303). Com sua opção hermenêutica, interpreta a história bíblica em chaves trinitárias, e dessa leitura tece a sua contribuição para a teologia. Nesse caso, segundo Moltmann, a Trindade afeta e é afetada pelo mundo. "A trindade econômica não apenas revela a Trindade imanente, mas também retroage sobre ela" (id., 2011, p. 169). Em consequência, a cruz já não é um simples caso entre Deus e o homem, pois se revela como acontecimento trinitário entre o Pai e o Filho (cf. id., 2014,

p. 256). Do aspecto exterior do mistério chamado Deus, alcança-se o espaço interior, que é trinitário.

Moltmann introduz a história na realidade intradivina, cujo claro propósito é o de superar a impassibilidade de Deus, e, assim, ocorre a "revolução na noção de Deus" que o Crucificado revela. A cruz revela o "Deus crucificado" (cf. id., 2014, p. 303). Portanto, qualquer linguagem sobre Deus que pretenda ser legitimamente cristã deve levar a sério o *pathos* de Deus, sob pena de falsificar a relação de Deus com os homens. Deus não salva os seres humanos porque os livra do sofrimento e do fracasso, mas sim porque se faz presente neles, tal qual foi revelado concretamente na cruz de Jesus de Nazaré.

Atualmente, percebe-se que a reflexão sobre a imagem de Deus e o seu sofrimento tem recebido maior atenção no âmbito da teologia. Entre os fatores que explicam essa perspectiva, destaca-se a agenda que marcou todo o século XX em que está o primado do humanismo, isto é, a incansável defesa pela vida humana em oposição ao ambiente catastrófico das guerras mundiais e de tensões políticas que caracterizaram a paisagem da Europa de Moltmann. A experiência contemporânea de sofrimento suscita a reflexão sobre a imagem de Deus.

O problema de Deus surge da dor pela injustiça no mundo e pelo desamparo no sofrimento. Ante o problema do sofrimento, o homem julga seu Deus. A experiência e a percepção da dor no e do mundo conduzem a teologia cristã mais à frente do teísmo ou do ateísmo. Só refletindo sobre o que acontece entre o Crucificado e "seu" Deus, poderemos deduzir o que este Deus significa para os sofredores e desamparados desta terra, superando, assim, a ilusão teísta e a resignação ateia (cf. ibid., p. 284).

Moltmann teve a sensibilidade teológica de afirmar que Deus participa do sofrimento humano. Com o argumento de que a cruz de Cristo abre caminho para a definição do *Deus crucificado*, acentua um novo sentido ao conceito de Deus e do sofrimento de Cristo, como também oferece esperança para uma humanidade devastada por diversos males. Ao repensar a relação de Deus com a história e a cruz de Cristo, resgata a imagem bíblica de Deus, integrando-a aos problemas dos sofrimentos humanos e à visão atual do mundo.

Portanto, o grande legado da teologia moltmanniana é acentuar a purificação da imagem divina, cujo ponto alto se revela na cruz de Jesus. Moltmann rechaça qualquer imagem de Deus identificado a algo imóvel, apático, impassível. A cruz acrescenta ao conceito de Deus a realidade da morte, mostrando Deus como aquele que percorre todas as vias do sofrimento sem renegar a si mesmo.

Assim, ao abordar o sofrimento divino, o autor estabelece uma diferenciação. A criatura sofre, entre outros motivos, por carência do ser. Deus "sofre" em seu amor, que não é outra coisa senão a superabundância do seu ser (cf. ibid., p. 289). A fé cristã revela, pois, um Deus envolvido, comprometido com o sofrimento do mundo e crucificado pelo amor. Se em Deus o sofrimento não resulta de carência ou imperfeição, conclui-se que o coração de Deus é vulnerável e passível de ser afetado pelo amor, que o faz abrir-se ao que não é ele e a deixar-se ferir pela solidariedade suprema e radical com o sofrimento da humanidade. Desde a paixão de Jesus – em que a Trindade está envolvida e comprometida – não há nada no mundo fora de Deus, não assumido e, portanto, não redimido pela divina compaixão, mesmo a negatividade, a dor e a morte. Assim, a criação, a encarnação e a paixão apontam para o esvaziamento do próprio Deus que se faz solidário conosco na impotência.

Moltmann supera a imagem, herdada pelos gregos, de um Deus impassível, imóvel e imutável, e a restitui no horizonte de uma visão mais bíblica e trinitária desse Deus. A superação da imagem do Deus apático acontece mediada pelo conhecimento dialético. O método dialético mostra Deus em sua expressão contrária: impotente, abandonado, junto aos marginalizados da história; um Deus ferido que contraria a inflexibilidade do Deus estoico, bem como um Deus projetado nos nossos desejos e símbolo das ambições de poder. Deus *sim-patico*, ou seja, complacente, compassivo, com-padecente. A visão grega é superada pela óptica bíblica do Deus envolvido com os nossos dramas, ajudando-nos a sair da apatia para uma responsabilidade pelo mundo.

Assim, ele mostra a proximidade e o sofrimento de Deus diante do sofrimento dos homens. Aprofunda a reflexão da imagem de Deus padecendo e se compadecendo diante de todo sofrimento. O Deus que "desceu" às zonas mais escuras da humanidade – sofrimentos, fracassos, amarguras, pecados – para sentir como seu nosso sofrimento e ali falar ao nosso coração. No silêncio, Deus não apenas se solidariza, mas sofre "em sua pele" identificado com os sofredores, aqueles que são excluídos, marginalizados, os que sofrem as angústias de uma noite escura da alma, seja em que contexto for: físico, material ou espiritual.

1.2 Moltmann e a misericórdia

Outra contribuição de Moltmann foi atualizar, na teologia moderna, o rosto misericordioso e solidário de Deus. O amor de Deus se volta em misericórdia para o homem em seu sofrimento, mas uma misericórdia que se concretiza em solidariedade, em sofrer com. Essa afirmação é um escândalo para uma concepção de Deus que pensa a onipotência divina sem o amor, como também se constitui como contradição a qualquer sociedade que não se fundamenta na solidariedade com os que sofrem, com os vulneráveis.

Refletir sobre a ideia de um Deus onipotente e misericordioso numa realidade mundial marcada por duas grandes guerras foi quase um exercício impossível. Um dos maiores desafios da teologia do pós-guerra foi justamente falar de Deus diante de uma visão do mal que se infiltra no mundo, aparentemente vencedor, provocando tragédias de proporções e sofrimentos impensáveis. Nesse contexto, Moltmann mostrou que um Deus transcendente e distante não tem nada a dizer ao ser humano, pois é um Deus vazio e silencioso que não corresponde às inquietações e aos sofrimentos do homem em momentos críticos de sua história. O período da guerra e do pós-guerra iluminou nele uma série de reflexões a respeito da questão sobre Deus, principalmente no tocante à figura do Deus apático e soberano, alvo da análise deste ensaio.

Além do mais, Moltmann mostra a cruz como lugar por excelência da revelação visível da misericórdia de Deus. No mistério da paixão do Filho, manifestou-se radicalmente a misericórdia do Pai. Na paixão encontramos a misericórdia de um Deus que desceu e chegou até o extremo da fragilidade para manifestar a força reconstrutora de seu amor. Se Deus "sofre", é por seu excesso de amor, desde o princípio. A cruz de Jesus expressa de maneira penetrante o amor misericordioso do Pai. Ela é a revelação do amor levado até as últimas consequências, fala-nos daquilo que Deus sente por nós: "Deus é capaz de sofrer porque é capaz de amar. Sua essência é a misericórdia" (id., 2011, p. 38).

A misericórdia torna o próprio Deus vulnerável e passível de um sofrimento livre, ativo, fecundo. Se Deus fosse impassível (incapaz de sofrer), seria também incapaz de amar (cf. id., 1980, p. 52). De fato, o mistério do "amor em excesso" de Deus, revelado no silêncio junto ao sofrimento inocente, chama-se misericórdia compassiva. Só o amor é capaz desse sofrimento compassivo, porque é amor puro. Deus usa de paciência, de presença silenciosa, de misericórdia ativa e, assim, salva de maneira compassiva toda criatura em seu seio regenerador. Só ele é capaz de assumir para si o sofrimento e a fragilidade humanos, abrindo um novo horizonte de vida. Sem a cruz seria muito difícil convencer a humanidade do amor misericordioso de Deus e, mais ainda, de seu apaixonado interesse por nos salvar. Com origem nela, será sempre possível dizer ao ser humano que a cruz de Jesus tem um sentido e que a última palavra é "salvação".

Depois das terríveis experiências vividas no século XX e no ainda incipiente século XXI, a questão sobre a compaixão de Deus e acerca das pessoas compassivas é hoje mais urgente do que nunca (cf. KASPER, 2015, p. 17). Nesse sentido, como Moltmann, o Papa João Paulo II, em face das terríveis experiências do século XX, descobriu a misericórdia como tema fundamental para o século XXI. Esse papa conheceu, como nenhum outro, e padeceu, na própria carne, a história do sofrimento de sua época. Cresceu nas proximidades de Auschwitz; na juventude, nos seus primeiros anos de sacerdote e na época em que foi bispo de Cracóvia, viveu os horrores das duas guerras mundiais e de brutais sistemas totalitários, tendo experimentado muitas tribulações no seu povo e na própria vida. Desse modo, fez da misericórdia o tema condutor do seu longo pontificado e engrandeceu com força a Igreja do século XXI. Já na segunda encíclica do seu pontificado, *Dives in Misericordia* (1980), João Paulo II ocupou-se do tema da misericórdia. Num dos textos, o papa assinala o esquecimento em que caíra o tema da misericórdia na cultura dos nossos dias:

> A mentalidade contemporânea, talvez mais do que a do homem do passado, parece opor-se ao Deus de misericórdia e, além disso, tende a separar da vida e a tirar do coração humano a própria ideia da misericórdia a palavra e o conceito de misericórdia parecem causar mal-estar ao homem, o qual, graças ao enorme desenvolvimento da ciência e da técnica nunca antes verificado na história, se tornou senhor da terra, a subjugou e a dominou (Gn 1,28). Tal domínio sobre a terra, entendido por vezes unilateral e superficialmente, parece não deixar espaço para a misericórdia [...]. Por esse motivo, na moderna situação da Igreja e do mundo, muitos homens e muitos ambientes guiados por um vivo sentido da fé voltam-se quase espontaneamente, por assim dizer, para a misericórdia de Deus (JOÃO PAULO II, 1980. n. 2).

Além disso, João Paulo II motiva a Igreja à urgência de anunciar e testemunhar a misericórdia no mundo contemporâneo:

Ela é ditada pelo amor para com o homem, para com tudo o que é humano e que, segundo a intuição de grande parte dos contemporâneos, está ameaçada por um grande perigo imenso. O próprio mistério de Cristo [...] obriga-me igualmente a proclamar a misericórdia como amor misericordioso de Deus, revelada também no mistério de Cristo. Ele me impele ainda a apelar para esta misericórdia e a implorá-la nesta fase difícil e crítica da história da Igreja e do mundo (ibid., n. 15).

Bento XVI prosseguiu na linha seguida pelo seu predecessor, aprofundando teologicamente o tema da misericórdia já na sua primeira encíclica *Deus Caritas Est* (BENTO XVI, 2006, n. 9). Na sua encíclica social *Caritas in Veritate* (id., 2009, n. 6), concretizou esse tema à luz dos novos desafios. A diferença em relação às encíclicas sociais de papas anteriores é que ela não parte já da justiça, mas sim do amor como princípio fundamental da doutrina social da Igreja, além de pôr novas tônicas que retomam uma vez mais a grande meta da misericórdia num contexto mais amplo, em resposta aos "sinais dos tempos".

O Papa Francisco reconhece o tema da misericórdia como ensinamento mais atual do que nunca, que mereceu ser retomado no Ano Santo de 2015. Assim, proclamou, no dia 8 de dezembro de 2015, o Jubileu Extraordinário da Misericórdia como tempo favorável para a Igreja. Afirma que a

Igreja tem a missão de anunciar a misericórdia de Deus, coração pulsante do Evangelho, que por meio dela deve chegar ao coração e à mente de cada pessoa. A Esposa de Cristo assume o compromisso do Filho de Deus, que vai ao encontro de todos sem excluir ninguém (FRANCISCO, 2015, n. 12).

1.3 Moltmann e a mística da cruz

Outra contribuição de Moltmann foi atualizar a teologia da cruz como teoria crítico-libertadora de Deus e do ser humano. Sua reflexão veio trazer um despertar para uma teologia da cruz, na qual esse instrumento de maldição e opróbio passa a ser fermento revolucionário para novos conceitos a respeito de Deus, do ser humano e da sociedade. Essa cruz ilumina a existência sofrida dos homens e mulheres, convertendo a pergunta da teodiceia sobre o sofrimento de inocentes não em indagação teórica do espectador, mas em pergunta prática de alguém que se engaja na luta contra o mal.

Assim, recuperou a cruz como critério interno de toda reflexão teológica, libertando-a da resignação e de toda dulcificação. Mostra a cruz como denúncia de todas as modalidades de violência contra os inocentes e rechaça toda interpretação da cruz de Cristo como instrumento motivador de uma atitude de resignação diante do sofrimento e das injustiças. Se assim o fosse, ela deixaria de ser cristã. A cruz em Moltmann não representa a exigência divina formal de renúncia, sofrimento e mutilação do desejo do homem; a cruz não simboliza o horizonte pessimista, atemorizado e resignado de uma vida mesquinha e estreita.

O autor recupera a mensagem cristã da cruz que se vê ameaçada de perder sua relevância e atualidade num mundo marcado por tanta injustiça e morte. Conecta a "teologia da cruz" ao evento Cristo, despertando, assim, um poder "desinstalador" tão profundo que faz romper uma força transformadora no interior da Igreja. Moltmann purificou a mística cristã da cruz e a fez liberdade na fé, impedindo os sofredores de viverem a resignação e a acomodação e o não reconhecimento de sua força na luta contra o mal e a dor. Sem dúvida alguma, a mística da cruz pode-se converter em "ópio", justificar o sofrimento, levando à resignação, que remete ao contexto sadomasoquista do Deus dos sacrifícios e da religião alienante que o produz.

A reflexão de Moltmann, porém, contribui para que a cruz de Cristo seja compreendida desde a óptica dos que sofrem e anseiam por libertação. Recupera a mística cristã da cruz, não a de olhos fechados sobre si mesmo e seus sofrimentos resignados, mas a de olhos abertos ao mundo que leva a uma percepção dos sofrimentos dos outros e comprometimento com tais sofrimentos. A cruz de Cristo converte-se num elemento motivador de protesto e de denúncia contra tudo o que produz sofrimento e injustiça no mundo.

A dimensão da teologia da cruz, em Moltmann, não se reduz unicamente a uma teologia da cruz e da dor propriamente ditas, embora nela resida a chave de interpretação do grande mistério do sofrimento, mas a uma "teologia do Crucificado", que reverberou nos "crucificados do mundo atual". A mística cristã viu nos sofrimentos uma forma de comunhão com o Cristo abandonado. O Deus dos pobres sempre foi o Cristo sofrido, pobre e sem defesa. Nele se buscavam alívio e consolo para os males dessas pessoas. Todos percebem, nos sofrimentos do Cristo, seus sofrimentos.

As discussões teológicas iniciadas no livro também refletem nos documentos do magistério da Igreja Católica. A Encíclica *Dominum et Vivicantum*, de 18 de maio de 1986, do Papa João Paulo II, afirma: "Se o pecado fez desaparecer o sofrimento, então a dor de Deus no Cristo crucificado encontrou por meio do Espírito Santo a sua mais plena expressão humana. Aqui temos diante de nós um mistério paradoxal do amor: em Cristo, Deus sofre".

Já Bento XVI, em sua Encíclica *Salvi Spe*, de 2007, assinala: Bernardo de Claraval fez a maravilhosa afirmação: *impassibilis est Deus sed non incompassibilis* – Deus mesmo não pode sofrer, mas ele pode ter compaixão. O ser humano é tão importante para Deus, que ele mesmo se fez humano, para poder sofrer junto com o ser humano, plenamente, em carne e sangue, exatamente como nos foi mostrado na história da paixão de Jesus.

Na viagem apostólica à Polônia, na via-sacra com os jovens, o Papa Francisco afirmou: Estas palavras de Jesus vêm ao encontro da questão que muitas vezes ressoa na mente e no nosso coração: "Onde está Deus?" Onde está Deus, se no mundo existe o mal, se há pessoas famintas, sedentas, sem abrigo, deslocadas, refugiadas? Onde está Deus, quando morrem pessoas inocentes por causa da violência, do terrorismo, das guerras? Onde está Deus, quando doenças cruéis rompem laços de vida e de afeto? Ou quando as crianças são exploradas, humilhadas, e sofrem – elas também – por causa de graves patologias? Onde está Deus, quando vemos a inquietação dos duvidosos e dos aflitos na alma? Há perguntas para as quais não existem respostas humanas. Podemos apenas olhar para Jesus e perguntar a ele. E a sua resposta é esta: "Deus está neles", Jesus está neles, sofre neles, profundamente identificado com cada um. Está tão unido a eles, que quase formam "um só corpo".

Moltmann busca novos paradigmas para falar de Deus, associando a paixão de Jesus à paixão do homem em sua história de miséria e opressão, retirando, com efeito, das grandes tragédias da história, por ele vivenciadas, uma nova consciência para um modo de pensar e agir com referência às realidades do mundo e do próprio Deus; uma teologia da cruz que não é só contemplativa ou racional, mas sim intencionalmente política e libertadora. Ensina-nos a encontrar a Deus nos lugares onde a vida está impedida, que é o *locus* onde ele está. Precisamente aí, nessa vítima inocente, nós, seguidores de Jesus, vemos o Deus identificado com todas as vítimas de todos os tempos. Ele está na cruz do calvário e em todas as cruzes onde sofrem e morrem os mais inocentes.

2. Críticas

A reflexão teológica de Moltmann, exposta em *O Deus crucificado*, favoreceu novos paradigmas para clarear a imagem divina de um Deus apaixonado, solidário e interessado no ser humano. O *pathos* está em Deus e a cruz está no meio do ser trinitário de Deus (cf. id., 2014, p. 256). Tal proposição do sofrimento em Deus contribuiu de maneira valiosa para a reflexão teológica, e foi assumida por muitos teólogos. Por outro lado, diversas críticas foram feitas a sua reflexão.

A seguir, destacaremos os comentários de Karl Rahner ao sofrimento de Deus, como também os pontos em comum entre sua reflexão e a de Moltmann. Depois, abordaremos as linhas-mestras das críticas da teóloga Dorothee Sölle sobre a entrega do Filho pelo Pai e a resposta de Moltmann às notas expressas. Mencionaremos as críticas dos teólogos González Faus e Leonardo Boff a Moltmann sobre o caráter histórico-político da morte de Jesus. Além das críticas dos autores citados, atrevemo-nos a formular pontos que precisam de esclarecimentos.

2.1 Rahner e o sofrimento de Deus

Um dos primeiros teólogos a criticar a reflexão sobre o sofrimento de Deus foi Karl Rahner. Em uma de suas últimas entrevistas, ao ser perguntado sobre se Deus sofre ou não, ele responde:

> Se eu fosse iniciar uma ofensiva, eu diria que há uma tendência moderna – tanto em Hans Urs Von Balthasar quanto em Adrienne Von Speyr, mas independente desses também em Moltmann – que concebem uma teologia da morte de Deus, que no fundo me parece ser gnóstica. Dito de uma forma meio primitiva, para sair da minha situação ruim e do meu desespero, de nada me adianta saber ou dizer que Deus – para dizê-lo de forma rude – está em igual ou pior situação... Mas, por outro lado, para meu consolo, quando e se Deus ingressou nesta história como sua própria, ele o fez por outros caminhos do que eu. Pois eu, desde o início, estou cimentado neste mundo frio, enquanto Deus – se a palavra ainda tiver algum sentido – é em um sentido verdadeiramente consolador para mim o *Deus impassibilis, o Deus immutabilis* etc. Em Moltmann e outros, parece-me existir uma teologia de um paradoxo absoluto e um *patripassianismo*, talvez também uma projeção, ao modo de Schelling, do caráter divino, do abandono por Deus da morte em Deus mesmo. Com relação a esta, se pode dizer inicialmente: O que sabemos exatamente do querido Deus? e, em segundo lugar, eu pergunto: O que isso me aproveita como consolo no final das contas? (RAHNER apud MOLTMANN, 2008, p. 51).

É importante frisar que a afirmação teológica ora citada não foi especialmente matizada por Karl Rahner. Logo se destaca, no entanto, que ele acentua nela a posição tradicional da imutabilidade e da passiva impassibilidade divina.

Moltmann confessa que se deparou com as palavras de Rahner após sua morte. Por isso, procurou responder a ele numa carta póstuma, em que destaca algumas frases da epístola:

> Um *Deus impassibilis* não é capaz de amar nem capaz de sentir. Empatia não lhe é possível. Por isso, ele também não está em condições de consolar uma pessoa... Eu não consigo conceber o *Deus impassibilis* como um Deus consolador no sentido pessoal. Parece-me ser tão frio e duro e sem sentimento como cimento. O que mais me inquieta e assusta é a sua autoafirmação: "Pois eu, desde o início, estou cimentado neste mundo feio". Isso soa amargo, desconjuntado, isolado e incapaz de movimento. Como uma vida não amada e não capaz de amar. E: com que direito nós, humanos, dizemos que Deus é "incapaz"? Não cimentamos Deus por meio das negações da teologia negativa? Se Deus está cimentado em sua imobilidade e em sua incapacidade de amar, como pode ele ser um consolo para uma pessoa que a si mesma se avalia assim em sua existência? Se de fato, como o senhor diz, Deus estaria também "em igual ou pior situação" que nós, então nem Deus nem as pessoas, em toda a eternidade, poderiam encontrar consolo (MOLTMANN, 2008, p. 52).

Com relação às objeções e críticas de Rahner, estamos de acordo com sua afirmação de que não podemos crer e esperar em um Deus débil como nós, tampouco podemos crer e esperar em um Deus impassível, a quem não afetam nossas dores, ou em um

Deus onipotente em plena posse do poder supremo. No evento da cruz, Moltmann se depara com um Deus capaz de sofrer, solidário às dores e angústias de homens e mulheres; um Deus que padece de amor. Nesse sentido, entre o padecer causado por outro, o afetado pela dor do outro e a total impassibilidade, existe o padecer determinado por si, ou seja, o padecer livre por amor ao outro; o padecer desde si mesmo, o padecer por amor. Assim, Deus, sendo amor (1Jo 4,8), é "passível pela própria plenitude do seu ser, isto é, do seu amor" (cf. id., 2014, p. 289).

Um Deus que não fosse solidário não nos poderia consolar, não poderia ser fundamento sólido de nossa esperança. A Bíblia nos revela justamente um Deus que padece com seu povo, que faz sua a sorte dos fracos, do estrangeiro, do órfão e da viúva; um Deus que ouve os gritos de Ismael, o filho de Agar, expulso com sua mãe e moribundo no deserto (Gn 21,17). É o Deus que "vê a aflição" e "ouve os clamores" de Israel submetido aos seus opressores (Ex 3,7). Em nenhum caso se pode atribuir "impassibilidade" a este Deus. Portanto, é um Deus extremamente próximo ao drama humano, em que o poder de Deus vulnerável e silencioso é o poder do amor, e este poder do amor é nossa esperança.

Acreditamos que, na reflexão de Moltmann, não é negada a onipotência de Deus e não se trata de amenizá-la por uma onidebilidade, embora ele afirme um poder divino que adota "o caminho e os recursos da debilidade" (GESCHÉ, 2009, p. 28). Deus Pai padece na sua relação pessoal com a natureza humana do Filho, uma vez que assume inseparavelmente a condição e o destino humano da pessoa divina do Filho. O Pai padece porque seu Filho padece e morre; do contrário, não seria Pai desse Filho.

É possível encontrar convergência entre Rahner e Moltmann, quando ambos dizem algo da intimidade de Deus com suporte na humanidade de Cristo, isto é, ao verem o sofrimento de Cristo como sofrimento de Deus. Em Rahner, dois pressupostos fundamentam essa afirmação. O primeiro no famoso axioma "a Trindade econômica é a Trindade imanente". Por "econômica" entende-se a salvação por meio da história, cujo lugar central é Jesus Cristo. É o centro da revelação. Por meio de Jesus Cristo, Deus vive entre nós e revela algo sobre sua vida íntima. O segundo consiste na ênfase conferida à humanidade de Jesus Cristo, pela qual ele afirma que Jesus não é uma máscara ou um disfarce que oculta a intimidade de Filho de Deus. As palavras e gestos de Jesus não só revelam sua consciência humana, como também a pessoa do Verbo que se encarna e, portanto, o mesmo Deus. Com efeito, "o sofrimento de Jesus diz algo do mesmo Deus" (ibid., p. 246).

Já Moltmann realiza o trânsito da humanidade à divindade de modo muito mais direto. Ele considera o acontecimento da cruz como o lugar por excelência da revelação Trinitária. O sofrimento de Cristo corresponde ao sofrimento de Deus: "O Filho sofre a morte e o Pai sofre a morte do Filho com infinito sofrimento de amor" (ibid., p. 306).

Com relação ao sofrimento de Deus, ambos matizam suas afirmações. Moltmann afirma o sofrimento de Deus, porém, deixa claro que este não priva Deus de sua liberdade nem de sua felicidade. Rahner, por sua vez, afirma a imutabilidade de Deus, que não significa indiferença diante do sofrimento dos homens (cf. RAHNER, 1962, p. 149). Moltmann admite que a situação de Deus com relação ao sofrimento é distinta da nossa. Deus não está submetido ao sofrimento: um Deus submetido por necessidade ao sofrimento seria incapaz de libertar-nos dele. A diferença entre o sofrimento de Deus e dos homens se dá na liberdade com que Deus se submete ao sofrimento por amor, pelo qual Deus se entrega de tal forma que elimina livremente a alternativa de deixar de sofrer pelo amado. Com respeito à capacidade de Deus de sentir o sofrimento humano, Moltmann usa a expressão *empatia divina*, a qual é incompatível com sua impassibilidade.

Relativamente à imutabilidade divina, Rahner entende que Deus é imutável e impassível, porém, plenamente solidário aos homens. Ora, se ele afirma a imutabilidade divina, é porque vê nela a condição necessária para que Deus possa nos salvar do sofrimento, da morte e do pecado. Se essas realidades negativas afetassem a Deus da mesma maneira que afetam os homens, Deus sucumbiria ante elas e os homens não poderiam alcançar aquilo a que aspiram, a saber: ser libertados de tudo o que se oponha à felicidade, para a qual foram criados.

Rahner é consciente de que, para nos salvar do mal, Deus tem que estar no domínio da história, inserido, assim, com toda a sensibilidade no mesmo sofrimento que nos afeta. Sua imutabilidade não pode significar apatia ou indiferença. Para conciliar os extremos, ele faz uma afirmação audaz, porém, profunda e rigorosa: "Deus, o imutável em si mesmo, se faz mutável no outro" (ibid., p. 149). Deus se faz mutável na humanidade de Jesus. O que vemos e tocamos do Verbo da vida nos está falando do mesmo Deus e da maneira como temos de interpretar sua imutabilidade.

A imutabilidade de Deus não significa insensibilidade, tampouco indiferença ao sofrimento do outro. E não se trata só de um ato livre de amor. É todo seu ser divino que assume em si tudo o que é nosso: Deus mesmo, em sua plenitude, é plenamente solidário ao homem. Ora, se a plenitude implica felicidade, conclui-se que Deus é sensível ao nosso sofrimento desde a plenitude de sua felicidade. Portanto, imutabilidade e impassibilidade não se opõem à solidariedade de Deus.

As análises de Moltmann e Rahner referentes ao sofrimento de Cristo como expressão do sofrimento de Deus são eloquentes e profundas. A vantagem de Moltmann reside em seu caráter concreto em afirmar de Deus o que afirmamos do sofrimento humano solidário e em insinuar o "muito mais" sem explicar a força de penetração dos seus conceitos. Já na linguagem católica da analogia que emprega Rahner em sua insistência na teologia negativa ou apofática e na superação de tudo o que tenha risco de antropomorfismo, ele conclui com um "não saber" sobre Deus que pode produzir a impressão de distância ou indiferença por parte de Deus. Trata-se de uma linguagem imprescindível para expressar a grandeza incomensurável de Deus que se encontra além de toda expressão e conceito. Assim, a grande contribuição de ambos, sem dúvida, é a insistência na índole misteriosa, infinita e inefável da divindade, em que só cabe o silêncio respeitoso diante do mistério de Deus revelado na morte do Filho que a teologia tem que assumir e guardar, porque o que disser a mais é vazio, supérfluo ou redundante.

2.2 Sölle e a entrega do Filho pelo Pai

De todas as críticas endereçadas à imagem de Deus proposta por Moltmann, a mais ferrenha partiu da teóloga leiga protestante Dorothee Sölle. O próprio Moltmann reconhece que o ataque mais duro veio da teóloga em seu livro *O sofrimento*, lançado um ano após *O Deus crucificado*. Para Sölle, o sofrimento não tem sentido, embora possamos dar-lhe um. Existe um sofrimento que podemos superar e há outro em face do qual somos impotentes. Diante da profunda dor, toda palavra é vazia, toda expressão, uma traição. Nada há que fazer senão se calar e assistir a um mistério apofático.

Reconhece, ainda, a "existência de um masoquismo cristão e que caracterizá-lo não é tarefa fácil" (SÖLLE, 1996, p. 29). Critica no masoquismo cristão a subestima do poder do homem, a contemplação do sofrimento sob o enfoque exclusivo do conformismo e a insensibilidade diante do sofrimento do outro. Além do mais, amplia sua crítica aos teólogos por delinearem diante do masoquismo cristão a figura de um Deus sádico, e o Deus agente causal do sofrimento converte-se em tema da Teologia como o Deus tirano e exigente do impossível.

Sölle afirma que a "Reforma reforçou os acentos sádicos da teologia" (ibid., p. 30). A experiência existencial, configurada na mística de um Deus que se coloca do lado dos sofredores, foi substituída por uma teologia sistemática relacionada ao juízo final. O enfoque não é o homem sofredor. O sofrimento é visto sob a perspectiva da posição de Deus. Todo sofrimento é considerado castigo de Deus. A autora destaca um texto de Calvino para fundamentar sua tese:

Na realidade, Senhor, vemos nos castigos que se têm abatido sobre nós o efeito de tua justa ira. Sendo reto e justo, infliges, não sem razão, dores e aflições aos teus. Golpeados por tuas varas, reconhecemos que te dispomos contra nós. Também no presente vemos erguida a tua mão para nos castigar, pois as espadas que usas para exerceres a tua vingança cintilam no ar e as ameaças que proferes contra os pecadores e malfeitores não cessam de nos atingir. Mesmo que nos punisses com muito mais rigor do que até agora o tens feito e por um flagelo tivéssemos que suportar cem e mesmo que as maldições com que outrora reagiste aos pecadores de Israel, teu povo, recaísse sobre nós, reconhecemos que tal sucede de pleno direito e não negamos tê-lo merecido (ibid., p. 17).

Na concepção calvinista do sofrimento, a majestade de Deus e a perversidade humana estão relacionadas. Nossos pecados são punidos com as "epidemias, guerras e outras provações enviadas por Deus". Sölle destaca três proposições que se repetem em todas as teologias sádicas: "Deus é o todo-poderoso condutor do mundo, que inflige todo sofrimento. Deus não age sem fundamento, mas com justiça. Qualquer sofrimento é castigo do pecado" (ibid., p. 32).

Tais proposições estão de tal modo sedimentadas na mente das pessoas que a autora reconhece como é difícil contestar o sadismo. O núcleo consistente da moderna objeção feita a esse Deus, porém, é o sofrimento dos inocentes. Qualquer tentativa de conceber Deus como o Deus que justifica a miséria, de conciliar Deus com a miséria, estará radicalmente sujeita a críticas. E qualquer tentativa de visualizar o sofrimento como sendo causa mediata ou imediatamente por Deus corre o risco de conceber a Deus de forma sádica (ibid., p. 33).

Deus, de acordo com a autora, não evita a dor como castigo nem como prova para a obediência, pois isso implicaria uma imagem de Deus arbitrário. Deus não atormenta nem quer a dor. Deus não é sádico. Quer nossa luta contra a dor. A dor que nasce da indignação é digna e querida por Deus. A dor e a morte que assumimos pelo empenho em amenizar a dor do mundo é que possuem sentido.

Com esteio nessas observações, Sölle faz violentas e contundentes críticas a Moltmann. Por exemplo, a teóloga cita um texto que deixa transparecer que é da autoria de Moltmann:

> Na cruz aconteceu aquilo que Abraão não precisou fazer com Isaac. Cristo foi abandonado à sua sorte trágica pelo Pai de forma plenamente intencional. Deus o expôs às potestades da destruição, não importando se estas se denominem homem ou morte. Para expressar o pensamento no mais pleno sentido do termo, poder-se-iam usar as palavras da antiga dogmática eclesiástica: A primeira Pessoa da Trindade rejeitou e destruiu a segunda... Aqui se trata da "teologia crucis", a mais radical possível (ibid., p. 34).

Há uma clara acusação a Moltmann de "estar fascinado pela brutalidade de seu Deus" (ibid., p. 34). A imagem de Deus sugerida pela teologia de Moltmann é a de um senhor patriarcal que provoca com sadismo os sofrimentos de Jesus. O agir de Deus é designado com palavras como "abandonar, expor, rejeitar, destruir" (ibid., p. 34). Assim, o Pai de Jesus Cristo age consciente, "com intencionalidade plena", de forma destrutiva. Ela vê aí um sinal de "sadismo teológico". Indigna-se contra esse "Deus sádico", apresentado por Moltmann, que abandona e sacrifica o seu

Filho e compara esse Deus até mesmo com Heinrich Himmler, o assassino dos campos de concentração (ibid., p. 34).

Moltmann reconhece o valor das críticas de Dorothee Sölle. Afirma que a crítica de Sölle se baseia em um mal-entendido que se tornou uma lenda ambulante na teologia feminista, de que ele seria da opinião segundo a qual, no calvário, Deus teria "matado seu próprio Filho". O texto citado pela autora, todavia, atribuído a Moltmann, na verdade, é da autoria do biblista neotestamentário W. Popkes, citado por Moltmann em *O Deus crucificado*.

Moltmann se defende: "Ela (Sölle) cita a mim como autor da citação aduzida e por ela copiada com mutilações e erros" (MOLTMANN, 2014, p. 271). Reconhece, no entanto, que na crítica de Sölle se oculta uma pergunta séria: "Qualquer tentativa de considerar o sofrimento como provocado direta ou indiretamente por Deus corre o risco de pensar sadicamente a respeito de Deus?". Seria essa concepção a fundamentação da teologia da entrega e da interpretação trinitária do evento da crucificação? Aqui o que está em questão é como se interpreta a teologia da entrega presente no Novo Testamento. Sölle protestou violentamente contra a teologia da entrega em Moltmann.

Para Moltmann, a autora se deparou com um problema semântico: por "entrega" muitos entendem a relação entre o Pai (o sujeito ativo) e o Filho (objeto passivo), o que implicaria na tese sádica pela autora defendida. Ou seja, entendendo-se a entrega de Jesus na cruz como sacrifício para aplacar a ira de Deus, tal imagem do Deus sádico encontra respaldo.

Nesse caso, porém, o Pai e o Filho não são um, mas estão divididos, e não existe um com o outro, mas contra o outro. "A teologia posterior do sacrifício expiatório da Igreja surgiu dessas ideias" (ibid., p. 272). No Novo Testamento, entretanto, o Pai de Jesus sempre está do lado de Jesus e jamais do lado daqueles que o crucificaram. O evento de Cristo na cruz é o evento de Deus. Na entrega do Filho, também se revela a entrega do Pai. Não da mesma forma, porém, o Filho sofre morrendo. O Pai sofre a morte do Filho na imensa dor do amor (cf. ibid., p. 272). "No sofrimento do Filho expressa-se também a dor do Pai. A autorrenúncia do Filho expressa também a autorrenúncia do Pai; Cristo foi crucificado na *fraqueza de Deus* (2Cor 13,4)" (ibid., p. 272). O Pai, portanto, não é o Deus apático e sádico provocador do sofrimento, mas, na comunhão trinitária, o Pai se mostra solidário, próximo e unido ao Filho na plenitude do seu ser, isto é, do seu amor.

2.3 Faus e Boff e o caráter histórico-político da morte de Jesus

O teólogo jesuíta González Faus destaca na reflexão de Moltmann o fato de que a morte de Jesus como abandonado de Deus se revestiu da dimensão mais importante da vida de Cristo em detrimento da conflitividade do caráter político de sua existência (cf. GONZALEZ FAUS, 1976, p. 332). Nesse sentido, as objeções e críticas de Faus podem ser resumidas na afirmação de Boff, para quem a paixão de Jesus estaria reduzida, em Moltmann, apenas a uma causalidade: Deus Pai. Ambos destacam que Moltmann "não toma a sério a causalidade dos adversários que, com seu fechamento, produziram a morte histórica de Jesus" (BOFF, 2012, p. 193).

Ora, as críticas de Faus e Boff seriam pertinentes se Moltmann considerasse unicamente a identidade da morte de Jesus como o abandono de Deus. É verdade que a história da paixão em Moltmann está marcada pela teodiceia, mas não é menos verdade o fato de a presença do processo histórico de Jesus ser categoria constitutiva de sua paixão, conforme vimos no capítulo 2. Os teólogos Schilson e Kasper, ao refletirem sobre a evolução do pensamento cristológico de Moltmann *da teologia da esperança ao Deus crucificado*, já afirmam a importância do processo histórico em considerar sua caminhada para a cruz como consequência de todo seu agir:

> Uma atenção maior é dispensada à história concreta de Jesus, isto é, à sua atividade pública, ao seu comportamento, à sua mensagem, à sua reivindicação de autoridade e, o que não é menos importante, à sua relação com Deus. Esta reflexão sobre o Jesus terrestre torna-se obrigatória devido ao fim de Jesus na cruz; este fim não pode ser considerado como um acontecimento isolado, senão que resume como em um ponto toda a história da vida de Jesus. Ora, se assim é, *o processo histórico* deve ser considerado como a sua caminhada para a cruz, já que a sua morte é a consequência de todo seu agir (SCHILSON; KASPER, 1999, p. 97).

Portanto, tal preocupação já se encontra em Moltmann. Em *O Deus crucificado*, no capítulo IV, ao analisar o processo histórico que está na base do sofrimento e da cruz de Jesus, Moltmann propõe três vias de aproximação: *Jesus e a lei, Jesus e a violência, Jesus e Deus* (cf. MOLTMANN, 2014, p. 145-188). Há, portanto, a proposição de que não há compreensão do mistério da morte de Jesus e de sua relação com o Pai sem levar em conta o contexto de sua vida e atuação. Na compreensão do significado teológico da morte de Jesus, há de se ver a dimensão concreta e histórica de tal acontecimento, bem como os conflitos reais que nele resultaram. Moltmann, ao afirmar que a morte de Jesus não pode ser entendida por si mesma, mas sim em relação à história de sua vida e ressurreição, enriquece e aprofunda o ser histórico, concreto e humano de Jesus.

Se é verdade que "tudo o que a teologia cristã diz sobre Deus se fundamenta em seu cerne, no evento Cristo" (ibid., p. 254), também é verdade que o evento Cristo não se reduz apenas à cruz, mas engloba a totalidade da pessoa de Cristo, que compreende sua vida e missão. Trata-se de um evento e de uma pessoa. Por isso, "cruz e ressurreição não ocupam o centro, mas sim a ressurreição do Crucificado que qualifica sua morte por nós e a cruz do Ressuscitado que revela e torna a sua ressurreição dentre os mortos acessível aos mortais" (ibid., p. 253). Se o único ponto de partida para descobrir a realidade de Deus é a cruz de Cristo, então o que se afirma de Deus é, sobretudo, a debilidade. A consequência disso é que não se explica como pode Deus vencer essa debilidade. Não bastam todas as referências ao amor para afirmar que por ele Deus salvaria o mundo. Se tal amor não permanece mais forte do que qualquer debilidade, então, não há nenhuma esperança de vitória final. Se for verdade que "só um Deus que padece se compadece e salva", também é verdade que ele nos salva porque permanece Deus, isto é, mais forte do que a debilidade, da qual nos deu testemunho na cruz.

Vale ressaltar que muitas reflexões de Moltmann estão fundamentadas em afirmações genéricas, abstratas e, às vezes, poéticas, sem serem realmente analíticas nem explicativas a ponto de revelarem seu real significado. Isso provoca certa reflexão teológica ambígua, "sem rigor teológico no seu discurso" (BOFF, 2012, p. 190). Moltmann utiliza afirmações que são novas à cristologia. Afirmações, por exemplo, como "revolta de Deus contra Deus", "desunião em Deus", "inimizade entre Deus e Deus", "Deus mesmo abandonado de Deus", "morte em Deus" etc. Lamenta-se que elas continuem programáticas e intuitivas. Diz a que resultado se deve chegar, que procedimentos convêm seguir e em que campos, que conexões efetuar, e tudo isso é instrutivo e inspirador, mas não mostra como ele mesmo procede para estabelecer tudo o que afirma. Em particular, ele critica a teoria das duas naturezas (cf. MOLTAMNN, 2014, p. 308), mas não diz por qual ela poderia ser substituída.

Ele afirma claramente que as pessoas divinas se constituem sobre a cruz por suas relações mútuas (cf. ibid., p. 252), mas não relata como isso acontece, o que pode ser feito; uma vez que isso se passa em um acontecimento histórico, deve ser feito para manifestar no plano do ser o que acontece na história. Mantém com Rahner a reversibilidade da Trindade econômica e da Trindade imanente (cf. ibid., p. 302), mas não se preocupa em explicitar como o que chega a Deus e a Jesus, no tempo do homem, se cumpre na eternidade de Deus. Ele não logra mostrar se a teologia da cruz verifica, no fim, o conceito de encarnação (cf. BOFF, 2012, p. 190). Surge-nos a pergunta: Moltmann

> não se abandona a uma construção imaginária, até mesmo mitológica, quando declara a existência de uma "inimizade", uma dissenção entre o Pai e o Filho? Fala de "Deus contra Deus", introduzindo em Deus uma luta que dificilmente se concilia com o amor

do Pai e o acolhimento perfeito do Filho em relação àquele ao qual ele se refere sem cessar (LEON-DEFOUR, 1982, p. 151).

2.4 Pontos a esclarecer

Acreditamos que o ponto mais controverso da teologia de Moltmann está nesta afirmação:

> Na entrega do Filho também o Pai se entrega, porém, não da mesma forma. O Filho sofre o morrer no abandono. O Pai sofre a morte do Filho. Ele a sofre na imensa dor do amor pelo Filho. A morte do Filho corresponde à dor do Pai. E nesta descida ao inferno o Filho perde de vista o Pai, também o Pai perde de vista o Filho neste juízo. Aqui está em jogo a consistência de Deus, a vida interior da Trindade (MOLTMANN, 2014, p. 268).

São afirmações abstratas que não revelam seu real significado, denotando o lado frágil da doutrina do sofrimento trinitário. Se, na descida ao inferno, o Filho perde de vista o Pai, de outro lado, o Pai, nesse momento, perde de vista o Filho. É tão grande a dor do Pai e do Filho que, segundo Moltmann, na morte de Jesus, está em jogo a vida interior da Trindade. Como explicar uma separação no ser mesmo de Deus e não na relação Deus-homem, com o qual o Verbo se solidarizou? Onde Moltmann fundamenta tal afirmação? Afirmar tal cisão não seria abrir espaço para a heresia triteísta? Há, sem dúvida, o perigo de um triteísmo, por não ele aclarar com suficiente profundidade a unidade ontológica de Deus.

O discurso sobre um Deus que sofre oscila sempre sobre a aresta estreita. Corre sempre o perigo de incorrer numa antiga heresia, o *patripassionismo*, doutrina condenada que declara que em Cristo o próprio Deus Pai sofrera na cruz. Essa asserção foi justamente condenada porque era uma afirmação dissimulada de outra doutrina errônea, o *monofisismo*, que não faz distinção entre o Pai e Filho e entre a divindade e a humanidade em Cristo. A rejeição do *patripassionismo* e o receio legítimo de imagens demasiadamente antropomórficas de Deus, todavia, não deveriam ser extremados: há confusão do Deus bíblico com a representação pagã anêmica e desolada de Deus como primeiro motor imóvel, isto é, um "ser supremo" impassível e estático. Apesar das críticas, Moltmann mantém a afirmação do silêncio e da retirada do Pai em relação ao Filho.

Qualquer linguagem sobre Deus que pretenda ser cristã, deve levar a sério o *pathos* de Deus, sob pena de falsificar a relação de Deus com os homens, tal qual foi revelada concretamente por Jesus de Nazaré. Um amor extremado de Deus, mesmo que vá até as últimas consequências da encarnação, deixa-se alcançar pelo sofrimento da humanidade. A *kenosis* de Deus na cruz conduz a uma autêntica revolução da imagem de Deus.

Moltmann afirma intensamente que a revelação da Trindade não se faz em nenhum outro lugar, a não ser na cruz de Jesus (cf. ibid., p. 302). E vai além, ao acentuar que não apenas se revela ali, mas é também ali que ela se constitui pela relação do Crucificado ressuscitado com o Pai e o Espírito Santo. Há muita ênfase na cruz como manifestação da Trindade e pouca referência ao mistério da encarnação de Deus, que, assim como a cruz, é um escândalo. A teodiceia cristã tem de fundar-se na revelação trinitária de Deus, que acontece na encarnação e no mistério pascal (morte e ressurreição de Cristo). A encarnação é o pressuposto ontológico do mistério de Cristo como único mediador entre o Pai e os homens (1Tm 2,5); tal mediação deve ser entendida em sua profundidade e em seu significado à luz do acontecimento pascal. É partindo dessa perspectiva que encontramos a verdadeira imagem do Deus trinitário. O mistério da encarnação nos remete a um Deus trinitário.

A teologia cristã sublinha que a iniciativa do movimento encarnatório do Filho tem origem na vontade comunicativa do Pai, em perfeita harmonia com a liberdade do Filho e a colaboração do Espírito. Na origem dessa história, está a livre e gratuita iniciativa do Pai de comunicar-se por meio de sua Palavra e dar-se ao homem mediante seu Espírito (Ef 1,3-14). A encarnação é, antes de tudo, a *kenosis* de Deus, revelada em todo seu ser (Fl 2,6). É o início do processo da *kenosis* de Deus (cf. BINGEMER, 1990, p. 208), mostrando o *pathos* de Deus como relacionamento livre da participação apaixonada.

A encarnação do Verbo é assumida, querida e desejada pelas Três Pessoas Divinas com todas as suas consequências. Deus Trino, que saiu de si mesmo desde a criação do mundo, afeta e é afetado pelo mundo nos lugares onde as pessoas sofrem solidão, injustiça e morte. O olhar da Trindade é um olhar comprometido, que vê e sente o sofrimento de seus filhos e escolhe e se decide por uma práxis salvadora em favor dessa humanidade. Essa comoção, que é a comoção do Pai pelas suas criaturas, a comoção do Filho por aqueles destinados a serem seus irmãos, e a comoção do Espírito que geme desde a criação com "gemidos inefáveis" (Rm 8,26), não é uma comoção passiva e estática, nem distante ou irritada. Trata-se de uma comoção interior que se converte em "saída" de Deus ao mundo (cf. ibid., p. 208). Como?

Saindo de si, não só para dar, e sim para dar-se, dando-se no Filho.

A comoção das entranhas se converte em saída e Deus se entranha no mundo e em nossa natureza; entranhas que se comovem diante da vulnerabilidade do outro e que atuam com ternura, compaixão e perdão: linguagem da misericórdia. A decisão da encarnação se realiza "graças à entranhável misericórdia de nosso Deus" (Lc 1,78). O Deus de Israel é um Deus que se comove em suas entranhas, e seu amor aflora e atua em forma de misericórdia. Nesse sentido, o silêncio de Deus no momento da encarnação e da cruz não é um silêncio de indiferença, e sim de quem se faz pura escuta, compaixão, misericórdia e salvação.

Além disso, vale ressaltar a pouca menção do batismo de Jesus como manifestação trinitária e antecipação da morte na cruz. A cena da cruz, como se fosse seu batismo, pode ser lida superposta à do batismo, em que a descida de Jesus ao Jordão e a sua subida de dentro do rio imitam antecipadamente o movimento de sua morte e ressurreição (cf. SESBOÜÉ, 1988, p. 209). Compreende-se como na própria linguagem de Jesus a palavra "batismo" aparece como designação da sua morte (Mc 10,36; Lc 12,50). Jesus inaugura seu ministério inserindo-se no lugar dos pecadores; sua decisão de ir fazer-se batizar por João, colocando-se na fila dos pecadores (Lc 7,29) e tornando-se como que um deles, já era um passo no sentido de tomar sobre si os pecadores, traço fundamental na missão do servo de Javé (Is 53,6). Esse gesto revela, antes de tudo, quem é Jesus: o Filho de Deus, como o Pai; é aquele que "se humilhou" para se fazer um de nós; aquele que se fez homem e aceitou humilhar-se até a morte, e morte de cruz" (Fl 2,7).

A sua humildade é definida pelo desejo de estabelecer uma comunhão com a humanidade, pelo intento de realizar a solidariedade com o homem e com a sua condição. O gesto de Jesus antecipa a cruz, na qual todo significado do batismo de Jesus, só na cruz, é que se revela. Esse gesto de humilhação manifesta a plena unidade na sintonia de vontade e de intenções que existe entre as Pessoas da Trindade. O batismo é "uma *teofania trinitária*, que dá testemunho da exaltação de Cristo, por ocasião do batismo no Jordão. Ela não só confirma o testemunho de João Batista, mas revela uma dimensão ainda mais profunda da verdade acerca de Jesus de Nazaré como Messias" (JOÃO PAULO II, 1980, n. 19).

Configura uma verdadeira manifestação da Trindade, na qual nos encontramos com o Filho, com o Pai e com o Espírito Santo: o mistério do Deus trinitário insinua-se, mistério que, no entanto, só na totalidade do caminho de Jesus pode ser desvelado com toda a sua profundidade. O Pai, o Filho e o Espírito descem entre os homens e revelam-nos o seu amor que salva. O Pai indica aos homens a presença no mundo do seu Filho – "Este é meu Filho amado" (Mc 3,17) –, o Pai manifesta abertamente aos homens a profunda comunhão que o une ao Filho, e isso já é um convite a olhar para a ressurreição, para a vitória de Cristo sobre o pecado e a morte. O Espírito Santo unge, isto é, consagra Jesus para essa missão; o Filho que inicia a sua missão pondo-se no lugar dos pecadores, onde se emergiu realmente na nossa condição humana e é capaz de compreender a sua debilidade e fragilidade. Por isso, ele se compadece, escolhe "padecer com" os homens na perspectiva da cruz, em total obediência ao Pai. Tal relação entre o batismo, a cruz, e as Pessoas da Trindade foi pouco desenvolvida na reflexão de Moltmann.

3. Conclusão

Em suma, não se pode negar o mérito de Moltmann em ter realizado uma revolução no conceito de Deus, sua correção do conceito grego de Deus impassível para o Deus bíblico que se define na cruz. O Deus mostrado por Jesus sofre a paixão do amor. Tem razão Kasper ao afirmar que "só um amor onipotente pode dar-se totalmente ao outro e ser um amor impotente" (KASPER, 2015, p. 153). Portanto, na paixão do Filho se revela o "sofrimento do Deus impassível". Depois da cruz do Filho, Deus não é mais um rosto desconhecido que o homem chama no auge de sua dor. É um Deus humano que grita com ele e nele; que, assumindo a sua humanidade, assumiu a dor experimentada pelo homem em cada momento de sua história. As mazelas e sofrimentos que causamos aos homens causamos a ele (Mt 25,40). Ele se faz solidário conosco na dor e nos torna solidários com todos os crucificados. Moltmann, portanto, nos mostra a cruz como compromisso e solidariedade com todos os crucificados. Purifica a mística da cruz de todo dolorismo, dando-lhe uma dimensão política e libertadora, na óptica dos que sofrem e anseiam por libertação.

Não se pode também negar as significativas críticas de Rahner, especificamente, no que se refere à temática do sofrimento de Deus, de Sölle, com relação à imagem do "Deus sádico" que entrega o Filho à cruz, e de Gonzalez Faus e Boff, sobre o caráter histórico-político da morte de Jesus. Tais críticas ajudaram

Moltmann a ressignificar muitos pontos de sua reflexão, aprofundando-os ou reafirmando-os. Tais respostas às críticas ora elencadas enriqueceram o pensamento de Moltmann e o debate teológico moderno, destacando o autor como um dos grandes teólogos do século XXI.

Considerações finais

> Senhor.
> Tu és um escândalo.
> Tu és um escândalo:
> o escândalo da cruz.
> Uma cruz que é humildade, brandura;
> uma cruz que nos fala da proximidade de Deus
> (Papa Francisco – "Tu és um escândalo!").

A reflexão sistemática sobre Deus e o sofrimento humano nesta obra foi motivada por preocupações pastoral-existenciais oriundas do contato com situações em que pessoas de fé defrontam o limite do sofrimento humano. Tal realidade desencadeia questionamentos acerca da imagem de um Deus bondoso, onipotente, misericordioso, transmitida na tradição judaico-cristã. Decorre desses questionamentos este tipo de indagação: Por que o silêncio e a impotência de Deus diante da dor? O "*locus* teológico" procurado para aprofundar tais perguntas foi a teologia de Jürgen Moltmann, de maneira especial, mas não unicamente, sua obra mestra *O Deus crucificado*, que se tornou um "lugar-comum" para falar de Deus e do sofrimento humano.

Nos passos de Lutero, Moltmann proclama que a teologia cristã surge depois de ter escutado o grito de abandono de Jesus na hora de sua morte (cf. MOLTMANN, 2014, p. 252). Na contemplação da cruz de Jesus, dá-se um passo além da história concreta de Jesus, onde o autor, além de refletir sobre a morte de Jesus nas perspectivas religiosa e política, reflexiona sobre o ser de Deus revelado na cruz: "O evento de Cristo na cruz é o evento de Deus" (ibid., p. 254). A cruz de Cristo torna-se, desse modo, a origem e o centro de toda a teologia cristã (cf. ibid., p. 252). Sem a cruz, não se pode fazer cristologia. O núcleo central da cristologia é a história da paixão de Cristo, crucificado e ressuscitado.

A pregação de Jesus e seu modo de viver levaram-no a um confronto com os judeus e com os romanos, o que desembocou no processo público e na condenação à morte de cruz. Os sofrimentos de Cristo iniciam-se no Getsêmani. Na oração dirigida ao Pai, encontra-se a revelação do seu medo e da sua dor. Nessa oração, Jesus pede ao Pai que o poupe do sofrimento: "Afasta de mim este cálice" (Mc 14,36b). Em seguida, no entanto, se abandona em Deus: "Não seja o que eu quero, mas o que tu queres" (Mc 14,36). Para Moltmann, nessa oração, em que o pedido de Jesus é "negado", começa a sua verdadeira paixão, "seu sofrimento por Deus", momento em que o medo se apossou de Cristo e dilacerou sua alma, pois sentiu medo diante do silêncio do Pai.

O abandono na cruz é outro acontecimento-limite. Dá-se aqui um brado agonizante de Jesus a Deus: "Meu Deus, meu Deus, por que me abandonaste?" (Mc 15,34). Para Moltmann, esse grito de morte expressa o profundo abandono de Deus, e nas palavras "Tu me abandonaste" está o coração do Cristianismo, a revelação de um Cristo apaixonado e amoroso, solitário, que foi perseguido, injuriado, que sofreu o abandono de Deus, que se fez um irmão, um amigo a quem se pode confiar tudo. É um Cristo que compreende e que é compreendido, que chega à mais profunda miséria, revelando, no seu sofrimento, a solidariedade de Deus para com as vítimas de todo tipo de violência.

A cruz é interpretada trinitariamente: lugar onde as pessoas divinas se relacionam. Moltmann elabora uma reflexão sobre Deus que compreende sua relação com o mundo com amparo numa teologia trinitária. A história de Jesus e do Espírito é a história de Deus, Deus fazendo-se história, fazendo experiência de mundo. A cruz é o lugar-comum da "separação", em que o Pai sofre pela perda do Filho, o Filho sofre a separação do Pai e do Espírito Santo. A morte do filho não é a morte do Pai, mas a dor do Pai. Moltmann defende a ideia de que Deus também pode sofrer e de que o Cristo na cruz revela a face do Pai amoroso, pobre, fraco, sofredor, que se compadece de todos os fracos. Na cruz do Cristo abandonado, Deus revela a sua graça nos pecadores, a justiça nos injustos e nos sem direitos, e elege gratuitamente os condenados. Deus pode sofrer porque pode amar; e, se não o pudesse, não poderia ser Deus amor, não faria aliança, não caminharia com o seu povo nem se compadeceria das viúvas e dos órfãos.

O sofrimento está em Deus e no seu interior porque ele é Trindade e se envolve com o homem e sua história. Por seu amor aos abandonados, pela justificação dos ímpios e para vivificar os mortos, Deus sofre na cruz com o Filho, unidos pelo Espírito. Logo, a cruz é também um acontecimento de Deus. Quanto mais se entende o evento da cruz como um evento de Deus, mais se rompe com o conceito simples de Deus. O Crucificado revela uma "revolução no conceito de Deus" (cf. ibid., p. 252). Deus está na cruz de Cristo estando no Filho. O impensável aqui foi real: Deus não está ausente no sofrimento, e sim o comparte conosco.

O silêncio de Deus na cruz de Jesus não é o silêncio da indiferença, e sim o silêncio de quem se faz escuta, proximidade e compaixão. Deus fala no silêncio, segue na ausência, deixa-se conhecer no ocultamento e mostra seu poder na debilidade. Esse sofrimento de amor leva esperança a todos aqueles que a perderam. A memória dos sofrimentos de Cristo se estende a todos e engloba os sofrimentos de toda criação, todas as vítimas, os pobres, doentes, fracos. O sofrimento de Cristo fez com que todos os que sofrem se sintam irmãos: sinal de que Deus participa de nosso sofrimento e toma sobre si nossas dores.

Moltmann revoluciona o conceito de Deus quando se afasta dos conceitos elaborados pela teologia tradicional, que, influenciada pela perspectiva da filosofia grega, forjou um conceito sobrenatural de Deus, isento de toda forma de dor. Ele afirma que, para saber algo de Deus, deve-se levar a sério o evento da cruz. Na cruz de Jesus, Deus se revela, sofre e se solidariza. Deus Pai sofre na cruz com o sofrimento e a morte de Jesus.

Nesse sentido, Moltmann introduziu, no Cristianismo do final do século XX, diversas imagens e conceitos novos e poderosos. Nenhum outro teólogo fez tanto quanto ele no sentido de explorar as implicações da escatologia e da cruz de Cristo para o ser de Deus. As cogitações dele, fruto de sua resiliência, de sua capacidade de lidar com problemas e superar obstáculos, preenchem os homens em momentos de sofrimentos inevitáveis e, nesse caso particular, enriquecem a reflexão sobre o sofrimento por meio de duas teologias: a da cruz e a da esperança, que perpassam todas as suas obras. Assim, a relevância de sua obra consiste, entre outros aspectos, no fato de essa abrir um capítulo inédito dentro da teologia, no qual o sofrimento de Deus é quase uma nova ortodoxia. Esse caráter inusitado e transformador decorrente das reflexões teológicas do autor é também objeto de análise do próprio Moltmann: "parece que agora a doutrina da apatia da natureza divina tem desaparecido finalmente da teodiceia cristã, favorecendo, assim, que vejamos a cruz do Gólgota plantada no coração de Deus trino e que percebamos o Deus que se revela no Crucificado".

Essa óptica nos desperta para uma compreensão que nos envolve no mistério incompreensível de Deus na proximidade e solidariedade com o mundo, especialmente com os que são vítimas da injustiça e da dor. Rechaça a imagem de Deus ligada à metafísica ocidental e, com base numa leitura mais bíblica e trinitária, mostra o Deus impotente e frágil no mundo, cuja impotência e debilidade nos ajudam e salvam. Oferece à reflexão teológica a possibilidade de voltar a esse Deus que escolheu vir ao encontro dos homens dessa forma para oferecer-lhe a salvação. Então, elabora uma reflexão sobre a paixão de Deus, indo além da tradicional doutrina da impassibilidade divina e da distinção moderna entre a Trindade imanente e a Trindade econômica.

Moltmann assumiu o risco de afirmar uma verdade, questionada por alguns, mas de grande relevância teológico-pastoral: a passionalidade de Deus. O Deus e Pai de Jesus Cristo é aquele que sempre se condoerá com e por seus filhos. Deus tem um relacionamento de simpatia com o ser humano, assumindo, por meio do Verbo Encarnado, nossa situação limitada e finita. Pela *Kenose*, Jesus entra na história do abandono de Deus e se submete à morte violenta. A vida humana é iluminada pela cruz de Cristo como comunhão conosco na dor. Dizendo de outra maneira: Deus, em Cristo, está com as vítimas de todos os tempos e lugares. A paixão de Cristo é a paixão dos homens, a paixão dos homens é a paixão de Deus.

Na maturidade e culminância de sua trajetória teológica, o grande teólogo alemão, ao trazer o tema do sofrimento e o inserir no interior da Trindade pela paixão do Filho, faz uma teologia da dor de Deus que continua a convocar-nos a encontrar a Deus no suplício das vítimas do pecado e a dele falar a partir da cruz de Jesus de Nazaré, que ilumina a vida e o destino de todos os que perecem injustamente na história da humanidade. A teologia da dor de Deus é, na realidade, uma teologia do amor solidário e misericordioso de Deus. Esta é a única teodiceia legítima e convincente do ponto de vista cristão: Deus não está ausente no sofrimento, mas o compartilha conosco. Assim, na teologia do amor de Deus e da sua dor, é indispensável construir, em seu nome, a justiça e a paz que não terminam.

O estudo desse tema levou à constatação de que o Deus da liberdade, o verdadeiro Deus, não se reconhece pelo seu poder e sua glória no mundo e na história do mundo, mas pela sua impotência e sua morte na cruz de Jesus. A cruz nos apresenta Deus *sub contrário*, isto é, sob seu oposto: humildade, debilidade, sofrimento e fraqueza. O Deus cristão é um Deus que sofre de amor. Não é um sofrimento imposto de fora, mas um sofrimento de amor, ativo e comprometido. Precisamos, portanto, purificar nossa imagem do Deus de Jesus, para que não permaneçamos indiferentes nem imóveis ante o sofrimento dos outros e para que não busquemos dar explicações dolorosas que levem à mera aceitação resignada do sofrimento.

A participação de Deus no sofrimento dos inocentes desde a morte do Filho na cruz não resolve, com efeito, o problema do sofrimento, porém, revela o ser de Deus como compassivo e amoroso até o fim, abre uma nova via de implicação livre e voluntária no sofrimento dos outros e sustenta a luta no compromisso contra o sofrimento injusto dos inocentes. Quem crê assim em Deus, não silencia diante da morte, mas proclama sempre a vitória de Deus sobre o sofrimento, a injustiça e a morte. O Crucificado é o Ressuscitado. E o Ressuscitado é o Crucificado! Aleluia!

Referências

ALMEIDA, E. F. *Do viver apático ao viver simpático*: sofrimento e morte. São Paulo, Loyola, 2006.

BAUER, J. B. *Dicionário Bíblico Teológico*. São Paulo, Loyola, 2000.

BOFF, L. *Paixão de Cristo, paixão do mundo*: os fatos, as interpretações e o significado ontem e hoje. Petrópolis, Vozes, 2012.

BINGEMER, M. C. L. *Em tudo amar e servir:* mística trinitária e práxis cristã em Santo Inácio de Loyola. São Paulo, Loyola, 1990.

BUSTO SAIZ, J. R. *Cristologia para empezar*. Santander, Sal Terrae, 1991.

CAMUS, Albert. *La peste*. Madrid, Cid, 1960.

CANOBBIO, G. *Dio può soffrire?* Morcelliana, Brescia, 2005.

CORDOVILLA, A. *El Misterio de Dios Trinitario*. Madrid, Biblioteca de Autores Cristianos, 2014.

DESCALZO, J. L. M. *Razones para iluminar la enfermidad*. Salamanca, Ediciones Sígueme, 2013.

DUQUOC, C. et. al. *Teologia de La cruz*. Santander, Sal Terrae, 1975.

EBELING, G. *O Pensamento de Lutero*. Trad. Helberto Michel. São Leopoldo, Sinodal, 1988.

FORTE, B. *A Trindade como história*. São Paulo, Paulinas, 1987.

_____. *Teologia da história:* ensaio sobre a revelação, o início e a consumação. São Paulo, Paulinas, 1995.

GARCÍA-MURGA, J. R. Dios impasible o sensible a nuestro sufrimiento? *Selecciones de teologia*, v. 33, n. 130, 1994.

GNILKA, J. *Jesus de Nazaré:* mensagem e história. Petrópolis, Vozes, 2000.

GOMES, P. R. *O Deus Im-potente*. O sofrimento e o mal em confronto com a cruz. São Paulo, Loyola, 2007.

HESCHEL, A. J. *Los Profetas:* concepciones históricas y teológicas. Buenos Aires, Editorial Paidos.

_____. *Deus em busca do homem*. São Paulo, Paulinas, 1975.

KASPER, W. Discusión sobre el concepto Cristiano de Dios. *Selecciones de teologia*, Barcelona, v. 14, n. 53, 1975.

_____. *Cristologia:* abordagens contemporâneas. São Paulo, Loyola, 1990.

KESSLER, H. Cristologia. In: SCHNEIDER, T. (org.). *Manual de Dogmática*. Petrópolis, Vozes, 2002.

KUZMA, C. *O futuro de Deus na missão da esperança:* uma aproximação escatológica. São Paulo, Paulinas, 2014.

LEON-DUFOUR, X. *Jesus y Pablo ante la muerte*. Madrid, Ediciones Cristandad, 1982.

LUTERO, M. *Obras selecionadas*. São Leopoldo, Sinodal, 1987, v. 1.

McGRATH, A. *Lutero e a teologia da cruz*. São Paulo, Cultura Cristã, 2014.

METZ, J. B. Cómo hablar de Dios frente a la historia de sufrimiento del mundo. *Selecciones de teología*, Barcelona, v. 33, n. 130, 1994.

_____. Memoria passionis: una evocación provocadora en una sociedad pluralista. Santander, Sal Terrae, 2007.

MOLTMANN, J. El Dios crucificado. *Selecciones de Teología* 45 (1973), p. 127.

_____. *El futuro de la criacion*. Salamanca, Ediciones Sigueme, 1979.

_____. *A Igreja como* communio – *Concilium*. Petrópolis, n. 245, 1993.

_____. *Experiências de reflexão teológica:* caminhos e formas da teologia cristã. São Leopoldo, Unisinos, 2004. (Coleção Theologia Publica.)

_____. *Teologia da Esperança:* estudos sobre os fundamentos e as consequências de uma escatologia cristã. São Paulo, Loyola, 2005.

_____. *No fim, o início:* breve tratado sobre a esperança. São Paulo, Loyola, 2007.

_____. *Vida, esperança e justiça:* um testemunho teológico para a América Latina. São Bernardo do Campo, Editeo, 2008.

_____ *O caminho de Jesus Cristo:* cristologia em dimensões messiânicas. Santo André, Academia Cristã, 2009.

_____. *Trindade e Reino de Deus:* uma contribuição para a teologia. Petrópolis, Vozes, 2011.

_____. *O Deus crucificado:* a cruz de Cristo como base e crítica da teologia cristã. Santo André, Academia Cristã, 2014.

_____ ; WENDEL, E. M. *Pasión por Dios:* Teología a dos voces. Santander, Sal Terrae, 2007.

MONDIN, B. *Os grandes teólogos do século vinte*. São Paulo, Paulinas, 2003.

JOÃO PAULO II. Carta apostólica *Salvifici Doloris*. São Paulo, Paulinas, 1998.

_____. *Novo Millenio Ineunte*. São Paulo, Paulinas, 2001.

SCHILLEBEECKX, E. *Los hombre, relato de Dios*. Sígueme, Salamanca, 1994.

_____. *Cristo y los cristianos*. Madrid, Ediciones Cristiandad, 1982.

SESBOÜÉ, B. Cruz. In: PIKAZA, X.; SILANES, N. (ed.). *Dicionário Teológico O Deus Cristão*. São Paulo, Paulus, 1988. p. 202-212.

SOBRINO, J. *Cristologia a partir da América Latina*. Petrópolis, Vozes, 1983.

_____. *O princípio misericórdia*. Descer da cruz os povos crucificados. Petrópolis, Vozes, 1994.

TAVARES, S. S. *A cruz de Jesus e o sofrimento no mundo*. Petrópolis, Vozes, 2002.

VON LOEWENICH, W. *A Teologia da Cruz de Lutero*. São Leopoldo, Sinodal, 1987.

Sumário

Prefácio 9
Introdução 17

CAPÍTULO 1
Aproximação à "teologia crucis", de Moltmann 25
   1. Vida e trajetória teológica 26
   2. Teologia da cruz de Lutero 46
   3. Moltmann e a teologia da cruz 60

CAPÍTULO 2
Deus e o sofrimento, na obra *O Deus crucificado* 75
   1. A obra *O Deus crucificado* 77
   2. Temas centrais da obra *O Deus crucificado* 87

CAPÍTULO 3
Recepção da obra de Moltmann 141
   1. Contribuições 142
   2. Críticas 154
   3. Conclusão 174

Considerações finais 177
Referências 185